高校思想政治教育与学生管理工作融合发展研究

李金平　著

北京工业大学出版社

图书在版编目（CIP）数据

高校思想政治教育与学生管理工作融合发展研究 / 李金平著．— 北京 ：北京工业大学出版社，2021.5（2022.10 重印）
ISBN 978-7-5639-7968-4

Ⅰ．①高… Ⅱ．①李… Ⅲ．①高等学校－思想政治教育－研究－中国②大学生－学校管理－研究－中国 Ⅳ．①G641 ②G645.5

中国版本图书馆 CIP 数据核字（2021）第 112187 号

高校思想政治教育与学生管理工作融合发展研究

GAOXIAO SIXIANG ZHENGZHI JIAOYU YU XUESHENG GUANLI GONGZUO RONGHE FAZHAN YANJIU

著　　者：李金平
责任编辑：李倩倩
封面设计：知更壹点
出版发行：北京工业大学出版社
（北京市朝阳区平乐园 100 号　邮编：100124）
010-67391722（传真）　bgdcbs@sina.com
经销单位：全国各地新华书店
承印单位：三河市元兴印务有限公司
开　　本：710 毫米 ×1000 毫米　1/16
印　　张：10.25
字　　数：205 千字
版　　次：2021 年 5 月第 1 版
印　　次：2022 年 10 月第 2 次印刷
标准书号：ISBN 978-7-5639-7968-4
定　　价：58.00 元

作者简介

李金平，男，1983 年 10 月出生，四川省眉山市人，毕业于四川师范大学，硕士研究生学历，现任成都师范学院马克思主义学院副教授、大学生心理健康教育中心主任。研究方向为思想政治教育。主持厅级重点项目、一般项目 3 项，发表专业学术论文 10 余篇，指导学生创新创业项目国家级、省级立项 8 项。曾获全国高校“校园好声音”大赛优秀指导教师、全国大学生网络文化节优秀指导教师、全国“优秀易班工作站”指导教师、全国高校心理情景剧大赛二等奖指导教师、“创青春”四川省大学生创新创业大赛优秀指导教师等 10 多项国家级、省级荣誉。

前　言

随着国家综合实力的提升，教育部门对教育事业加大了改革力度，近些年也取得了非常显著的成效。但是，随着经济全球化进程的深入，西方文化对我国造成的冲击越来越大，尤其是大学生，如果受到不良思想的影响，其价值观、人生观和世界观会很容易发生改变。因此，高校在开展教育工作时，应当将思想政治教育与学生的管理工作结合起来，使两者相互促进，共同发展，从而将高校教育的育人本质充分显现出来，以促进学生的健康成长。

全书共七章。第一章为高校思想政治教育概述，主要阐述了思想政治教育的内涵、高校思想政治教育的基本任务与要求、高校思想政治教育的功能与原则等内容；第二章为高校思想政治教育与学生管理工作现状，主要阐述了高校思想政治教育的现状、高校学生管理工作的现状、高校思想政治教育面临的新机遇与新挑战、高校学生管理工作面临的新机遇与新挑战等内容；第三章为高校学生管理工作主体的特征，主要阐述了高校学生管理工作主体的内涵、高校学生管理工作主体的特征等内容；第四章为高校思想政治教育与学生管理工作中的辅导员话语能力，主要阐述了高校辅导员话语权困境、高校辅导员话语能力提升路径等内容；第五章为高校思想政治教育与学生管理工作的融合策略，主要阐述了国外高校思想政治教育与学生管理融合研究概况、高校思想政治教育与学生管理工作存在的问题、高校思想政治教育与学生管理工作融合的优化策略等内容；第六章为思想政治理论课一体化建设思考，主要阐述了思想政治理论课一体化建设研究现状、思想政治理论课一体化建设策略等内容；第七章为高校思想政治教育与学生管理工作开展的新思路，主要阐述了开展大学生思想政治教育工作的新思路和开展大学生管理工作的新思路等内容。

为确保研究内容的丰富性和多样性，笔者在写作过程中参考了大量理论与研究文献，在此向有关专家学者表示衷心的感谢。

本书为四川省教育厅网络思想政治教育研究课题“基于易班网络平台的高校辅导员思想政治教育话语能力提升策略研究”（CJWSZ20-31）、成都大中小学思想政治工作研究基地课题“成都大中小学思想政治理论课一体化建设研究”（DZX202004）的研究成果。

由于笔者水平有限，加之时间仓促，本书难免存在一些疏漏和不足之处，在此，恳请读者朋友批评指正！

目 录

第一章 高校思想政治教育概述

教育是引导学生形成正确观念以及价值标准的重要方式，理念是保证教育顺利开展的灯塔，先进的教育理念是保证学生与时俱进的前提。本章分为思想政治教育的内涵、高校思想政治教育的基本任务与要求、高校思想政治教育的功能与原则三部分。主要内容包括思想政治教育的概念、思想政治教育的地位、高校思想政治教育的基本任务、高校思想政治教育的原则等方面。

第一节 思想政治教育的内涵

一、思想政治教育的概念

学术界对思想政治教育的概念有不同的界定，而典型的、比较有代表性的有以下几种。

（一）早期的思想政治教育概念

早期关于思想政治教育的概念，不同的专家学者有不同的论述，但普遍认为其是一种教育实践活动和社会实践活动。思想政治教育受到社会经济发展、政治制度、文化的制约和影响。思想政治教育会随着社会的发展及人类自身的发展而不断变化。不同社会形成的不同的思想道德素质，提高了人们认识世界和改造世界的能力，动员人们为了当前的目标和长远的发展规划而奋斗。

（二）新时期的思想政治教育概念

从教育学方面讲，其是教育者通过对教育对象进行思想观念和价值体系上的灌输、说服和引导，使之在思想和行动上按照教育者的意图和目的进行思考和行动，最终实现教育目标。

从社会学方面讲，其是一定的阶级、政党、社会群体遵循人们思想品德的形成发展规律，用一定的思想观念、政治观点、道德规范，对其成员施加有目的、有计划、有组织的影响，使他们形成符合一定社会、一定阶级所需要的思想品德的社会实践活动。

通过直观的比较发现，这些定义虽然有细微的差别，但基本理解都是一致的，即都承认思想政治教育中教育者和受教育者的关系，都认为是统治阶级有目的地进行的政治性教育，只是表述方式稍有不同，语气强烈时则将之称为灌输，语气平缓时则将之称为引导。也有学者持“受政治制约的思想教育和侧重于思想理论方面的政治教育”的“交叉论”观点，周延一点的也只是强调要“遵循人们思想品德形成发展规律”，有新意的认为思想政治教育就是政治教育。

二、思想政治教育概念的演进

19 世纪 40 年代，马克思、恩格斯从事社会主义运动并创建了共产党，做了大量政治宣传和政治思想工作。虽然当时并未使用“思想政治教育”的概念，但其已提出“宣传工作”的概念。1894 年，恩格斯又提出“社会主义的宣传”这一概念。1902 年前后，列宁论述了政治宣传工作的重要性，提出了“政治教育”这一概念。斯大林在联共（布）十七大总结报告中提出了“思想工作”“政治思想工作”等概念，并阐述了政治思想工作的基本内容及政治工作与组织工作和经济工作的辩证关系。

从上述共产主义运动重要领导者提出的多种概念中可知，思想政治教育伴随着马克思主义的产生而产生，是社会主义运动的优良传统和实践表征。马克思等人虽然对其未有系统的理论总结，但已在实践需要的基础上做了大量的思想政治教育工作。

从历史线索和逻辑上来说，“思想政治教育”这一概念形成的历史沿革可以归结为政治工作—思想政治工作—思想政治教育。中国共产党在创立时非常重视政治宣传，坚持思想政治教育为政治斗争服务。周恩来提出“政治工作是红军的生命线”的重要论断，表明了中国共产党人对思想政治教育的高度自觉。刘少奇在第一次全国宣传工作会议上提出了“思想政治工作”的概念，这标志着中国共产党在新中国成立后将政治工作重点转移到转变人们的思想、提高人们的思想政治水平上。毛泽东提出“政治工作是一切经济工作的生命线”的论断，这成为中国共产党思想政治教育的著名命题。思想政治教育界提出“思想政治工作是一门科学”，由此开启了思想政治教育科学化的进程。随着广大干部、群众和理论工作者的长期实践，“思想政治教育”的概念逐渐取代“政治工作”“政治思想工作”等，与“思想政治工作”的概念同时使用，成为新时期一种比较统一的说法。自此，思想政治教育既有理论凝结，又有实践补充，可以说，其从一种自在的工作实践状态上升到理论与实践统一的自觉状态。不过，应当指出的是，现阶段思想政治教育概念主要仍在高校思想政治教育领域内使用，其他领域一般使用“思想政治工作”“政治工作”等概念。

三、思想政治教育的作用

（一）促进人的全面发展

社会的本质和人的本质是一致的，个人与社会在实践中实现了统一。习近平指出，教育强则国家强，教育是培养中华民族伟大复兴接班人的重要途径。教育可以提高人的劳动能力，消除由于分工给人的发展造成的局限，为人的身心发展提供了必要条件。孔子提出“有教无类”的主张，认为人人都有接受教育的权利，只有将教育普及化、大众化，国民素质才能普遍提高。正所谓“百年大计，教育为本”，人作为教育的产物，如果不接受教育，可能会永远停留在愚昧落后的未经开发的状态。所以，促进人的全面发展，必须发挥教育的基础性和先导性作用。

（二）增强文化自信

文化与教育相互依存，互为目的，教育是民族传承的基本载体，是精神培育和文化继承的重要渠道，一个国家、一个民族的强盛，总是以文化兴盛为支撑，历史和实践反复印证着“人才资源是第一资源，是国家核心竞争力之所在”这一重要论断。教育作为国家的一项重要事业，核心作用在于价值塑造，国家要以教育自信来建立道路自信、理论自信、制度自信和文化自信，要通过思想政治教育来增强人们的文化自信，提高自身的文化软实力，坚固人民的信念教育，坚定人民对中华民族优秀传统文化的文化信仰。

进入新时代后，人民群众在精神生活层面有了更高的追求。思想教育在本质上是关于“人”的教育，对于这一重大转变，思想教育的主题也应随之调整，不仅要满足人的精神需求，而且还要给予人们正确的思想引导，做好主流价值观的指导，使人们将社会主义核心价值观作为解决问题、消除矛盾的行动指南，帮助人民正确认识“美好生活”并“撸起袖子加油干”，使之在美好的时代里积极创造属于自己的“美好生活”。党和国家要把握好思想政治教育这一生命线，立足新时代，适应新环境，满足新要求，带领人民群众努力奋斗，继续推进共产主义伟大事业走向成功。

四、思想政治教育的特征

（一）时代性

思想政治教育必须牢牢跟上当代社会的发展节奏，要具有鲜明的时代性特征，时代性特征在教育内容中有所体现，如当前形势下中国共产党的政策、方针、路线等，而上述有关党的理论是如何获得的，在现实生活中又有什么样的应用，这些都是很重要的。思想政治教育只有融入新时代的理论内容中才具有生命力，才更容易被大学生了解和掌握。随着改革开放和社会主义市场经济的不断发展，大学生的思想、价值观取向与以前相比有了很大的变动，受到了前所未有的影响。随着人才需求的扩大，青年学生有更大、更好的舞台来发挥自己的才能。但同时，世界上不同民族文化的价值观、生活理念随之涌入，导致了文化和意识领域的丰富化、多样化，而且当前世界信息的全球化、网络的全球化，也对当代学生思想政治教育提出了新的挑战。时代性特征就是指思想政治教育要使理论联系新时代的实际，这考验了思想政治教育者的理论驾驭能力与结合实际解决问题的能力。只有具备上面所说的品质和能力，其对于实际遇到的问题才能有更透彻、更有深度的理解，思想政治教育才能达到新的高度。

（二）民族性

民族性对于一个民族、一个国家来说是至关重要的。民族文化是大浪淘沙留下来的精华，凝聚着一个民族代代人民的精神思想精髓和智慧结晶，随着传播和继承早已融入人民的灵魂中。民族文化造就了不同民族的不同习俗和特点，民族性是文化的脊梁，是文化价值存在的基础和前提。弘扬中华民族传统文化也是思想政治教育工作的重要内容。培养大学生的民族自尊心、认同感、自豪感，能够有效帮助青年形成正确的人生观、价值观、世界观，使之拥有优良的性格品质。中华民族文化具有悠久的历史和深厚的底蕴，其中蕴含的一些思想和理念在今天仍然散发着生机和活力，仍然具有可借鉴性。在中华民族的历史长河中，儒家思想经过了大浪淘沙，承受了历史的筛选，在新时代社会的发展中仍然有着深刻的内涵。儒家所提倡的忠、孝、礼、义、廉耻等人类社会道德准则造就了中华民族的民族精神。经过这些民族精神的洗礼，大学生的道德文化素养可以大大提高，有助于学生成为新时代的优秀人才。

（三）综合性

在探讨人思想品德的形成和形成规律时，与其相关的社会因素、人的自身因素、外界因素等都是需要考察的变量，这体现了高校思想政治教育的综合性。因为在实际生活中，人的思想和做出的选择不能用单一标准来判断，社会中存在着很多类型、很多层次的束缚和制约，每一种思想政治教育出现的问题也都有其背后不同的影响源。所以，从多角度、多方面对学生的行为进行立体的、全面的分析，是高校思想政治教育综合性的体现。

其综合性还体现在人们要运用多学科的知识进行研究。思想政治教育工作除了需要在政治理论（如马克思主义、毛泽东思想、邓小平理论等）的指导下进行外，也需要教育学、伦理学、心理学、社会学等方面的知识。且仅马克思主义这一门学科，就是对社会和人类极为复杂的综合性的系统总结。思想政治教育归根结底还是有关教育的、人类的，所以其涉及的方面非常广泛。

第二节　高校思想政治教育的基本任务与要求

一、高校思想政治教育的基本任务

思想政治教育理论是以实践为基础的，需要在实践中进一步发展。思想政治教育是在马克思主义传播的过程中产生的，并与新中国和共产党一起成长并不断完善，是对中国传统思想政治教育和现代思想政治教育的融合和开创。

（一）传递社会要求

人的本质是一切社会关系的总和，人的生活离不开各种社会关系，人总是扮演着一定的社会角色，社会角色是社会对人在不同社会关系中的地位、权利、义务、行为的规定。进入大学后，学生的生活开始面临着更大的环境变化，大学生面对的社会关系的广度和深度也增加了，如班级、团支部、学生会、社团组织等，大学生要面对的组织层面也更繁杂，班级活动、校级活动、校外活动的出现，更是拓宽了大学生的活动空间，他们的角色逐渐复杂化。面对错综复杂的社会关系和行为规范，大学生有时会不知所措，容易出现角色混同的现象。高校对大学生进行思想政治教育的主要目的是教导学生学会做人，学会处理各种关系。思想政治教育通过课堂教育向学生传递社会的期待，教会学生了解和遵守社会承认的规则，并且主动地向他人传递正确的价值观，使之熟悉自己的社会角色，在社会生活中保持个人与大环境的和谐统一。

（二）加强心理健康教育

心理素质不仅是一个人的心理过程和心理特征的总体表现，而且也是人类认知、意图、行为、个性、气质和能力的综合体现。大学生刚刚成年，其心理刚刚开始走向成熟，面临着许多心理压力和内心冲突，情感上是不稳定的。消除这些心理矛盾和压力对大学生的健康至关重要，关系到大学生未来是否能成为优秀的社会主义建设者。所以，加强大学生的心理健康教育是保证大学生走向成功的重要因素。高校的心理健康教育要普及心理健康知识，要提高大学生的心理保健意识和心理调适能力，帮助大学生处理好情感上和思想上的困惑，解决好生活和学习中的实际问题，培养其自尊、自信、自爱的良好素质和品质，使其在面对挫折时也能保持积极的心态，不丧失信心和勇气。

（三）引导正确的政治方向

高校思想政治教育的首要特征是政治性。大学生是人民群众中最具生命力和创造力的一个群体。教育者要以爱国主义为基点，引导其树立正确的政治思想观，使其将自身的前途命运与国家和民族的前途命运紧密地连接起来，把实现中华民族伟大复兴中国梦的满腔热情转化为刻苦学习、努力工作、报效祖国的实际行动。新时代的大学生面临着各种各样的问题，在这样的背景下，高校思想政治教育要紧跟社会发展的节奏，以“三势”（因势而谋、应势而动、顺势而为）和“三因”（因事而化、因时而进、因势而新）为基本理念，依循“四服务”（为人民服务、为中国共产党治国理政服务、为巩固和发展中国特色社会主义制度服务、为改革开放和社会主义现代化建设服务）和“三培养”（高校思想政治工作关系高校培养什么样的人、如何培养人以及为谁培养人）的方向与要求，坚定新时代高校思想政治教育的发展方向和根本目标，切实将思想政治教育贯穿于大学生社会化的全过程，帮助大学生认清经济、政治、文化领域面临的前所未有的复杂情况，将他们培养成社会主义建设事业的有力支撑者。

（四）开展道德教育和法纪教育

行为规范社会化是个体将特定社会所认同的行为准则和规范进行内化之后使之成为符合社会所要求的行为的过程，其作用是调整个人与他人、个人与社会、个人与国家、个人与自然环境、团体与团体之间的各种社会关系。在高校思想道德教育中，教师要通过道德规范教育和法纪教育来促进大学生行为规范社会化。

道德教育是大学生人格塑造的关键。它包括中华民族传统道德教育、社会公德教育、社会主义道德教育、职业道德教育和环境道德教育。高校思想政治教育以践行社会主义核心价值观为根本内涵，倡导“爱国守法、明礼诚信、团结友善、勤俭自强、敬业奉献”，在基本道德规范的基础上，鼓励人们追求更高的道德水平。

法纪教育是新时期思想政治教育的一项重要而艰巨的任务。随着改革开放的不断深入，法纪教育越来越显示出它在思想政治工作实践中的重要位置。作为社会主义事业未来的建设者，大学生的法律观念与公民意识与社会的发展直接相关，所以必须通过教育让他们更好地了解法律、尊重法律、捍卫法律，学会运用法律手段解决生活中的争端和矛盾，用实际行动支持依法治国，把法治变成信仰，化为实际。

（五）增加广大学生内心的满足感

学生在思想政治教育活动中感受到的主观感觉是满足感，思想政治教育获得感的原动力正是学生的内在需求。首先，学生具有强烈的主观能动性以及自觉挑选性。在学习有关基础理论知识的过程中，他们并不是单纯地复制所学内容，而是对所学知识进行消化与接受。思想政治教育要利用社会主义核心价值观来科学地指导与引领学生，让他们产生积极向上的情绪，切实帮助其树立坚定正确的理想信念，形成良好的思维模式，从而获得心理上的认同感。其次，由于学生在思想政治教育中占据主体地位，所以他们内化的价值理念与思维模式都将体现在其实际行动上。学生不是被动接受知识的客体，而是带有强烈自主意识的主体。思想政治教育要利用丰富多彩的社会实践活动，如组织学生参加志愿者活动、文化体育活动或是知识竞技比赛等，使学生在提高个人能力与实现个人价值的同时得到满足感，切实满足学生的自身需求与全面发展的需要，提高广大学生的幸福感以及归属感。最后，学生之间具有明显的差异性。他们的成长环境、喜好与性格特点等有着较大区别，这让学生在情感、素养、认知以及能力等诸多方面都体现出完全不同的倾向。对此，思想政治教育应充分尊重学生之间的差异性，全面了解学生的潜在能力和兴趣，努力激发他们的自我优势，鼓励并支持学生的自由发展，从而提高其精神境界，使其自我价值能够得到真正满足。

（六）增强思想政治教育实践的互动性

习近平明确指出，思想政治工作从根本上是做人的工作，必须围绕学生、关照学生、服务学生。思想政治教育是教师与学生双向互动的过程，双方应在这一过程中各自扮演好自身的角色。作为教师，其要向学生提供高质量的教学服务，对基础理论知识进行整理，让教学内容尽可能靠近学生的日常生活，充分运用好课堂教学这一主渠道，努力提高自身的语言艺术，探寻导与学之间的契合点。教师要成为课堂教学的指引者，为学生提供自由谈论的空间，让学生成为课堂的主体。构建学生自由探讨的平台，让学生成为课堂的主角，进而达到最佳的课堂互动效果。在双方沟通交流时，教师需要注意彼此身份的平等性，积极融入情感要素，以推动彼此更深层的交流。

此外，为了更好地促进双方进行深层次的交流，教师应将实体互动与虚拟互动结合起来，拓展互动形式，加强育人过程中的生活化，让双方在实际参与中体会到愉悦感。而对于学生来说，其应增强自觉性，努力学习和内化马克思主义相关理论知识以及思想政治基础理论内容，进一步巩固自身的理论功底，提高个人的认知水平，促进自身知识素养的不断提升。学生应积极踊跃地参加教育活动，和教师进行良好互动，让教师的供给与自身的需求之间形成强大的协同效应，从而使自身在学习知识、提高精神境界的同时，可以得到崭新的价值支撑，进而产生全新的获得感。

（七）促进大学生社会生产生活技能的社会化

大学生的教育依赖于系统的理论，也依赖于实践。社会实践是思想政治教育的一种重要方式。根据大学生的具体特点进行社会实践能力的培训，是高等学校进行思想政治教育的重要内容，也是促进大学生角色社会化的重要方法。大学生不仅要学习文化知识等独立进入社会的谋生技能，而且在生活技能方面也要能够衣食自理，这不仅是保证个人生活的必备条件，而且是使其成为一个合格的社会成员的基本条件。社会实践为大学生提供了检验的重要平台。教师应当鼓励学生参与各种实践活动，融入现实社会，了解国家情况，在不断的成长中对社会和国情形成自己的认识和了解，在独立学习探索中获得更深层次的体验，在实际参与中获得自我提升。其通过理论与实践的不断结合，可以逐渐丰富自身的知识，检验和提升自身的生存发展技能，培养自身积极主动的人生态度，发挥自身的特长优势，挖掘培养自身的兴趣，增加自身的社会责任感和历史使命感。

二、高校思想政治教育的要求

（一）顺应时代发展的必然趋势

当今社会环境复杂多变，在这种情况下，面对着西方各种非主流意识形态的渗透，意识形态领域的建设是我国目前的重要任务。高校思想政治教育必须为中华民族伟大复兴服务，为其提供不竭的精神动力。

在新时代，意识形态领域的形势错综复杂，高校思想政治教育的重中之重是坚定对马克思主义的信仰，坚定对社会主义和共产主义的信念，坚定对中国特色社会主义道路、理论、制度、文化的自信。高校应抓住青年价值观成熟的关键时期，为他们的成长成才提供健康良好的精神环境，营造主流的校园氛围。广大青年要有足够的民族自信，同世界人民分享我国的优秀文化，加强我国与各国的文化交流。

高校作为思想政治教育培育的主要基地，要求广大思想政治教育工作者、广大青年尽最大努力保卫我国意识形态“领土”的安全。而高校思想政治教育重在建设广大青年的精神世界，思想政治教育在培养学生立德树人这一根本任务中起着关键作用。

从我国当前的社会生产力来看，物质力量的丰富为精神生活提供了良好的现实基础，而且高校师生作为社会主义建设的一支重要力量，他们的精神需要会更加迫切。所以，高校思想政治教育精神环境的建设要以高校师生的精神需要为着力点，要与高校师生的精神需求紧密相连，并且在一定程度上要起到提升其精神思想水平的作用。

高校师生作为高素质人才，思想较为活跃，政治敏感度较高，尤其是青年正处于价值观的成熟时期，很容易受到西方社会思潮的影响。因此高校思想政治教育精神环境的建设应更加注重高校师生的精神需要，不断满足高校师生的发展需求，为其提供健康良好的发展环境，使其形成正确的价值观念和人生态度，进而坚定自身的政治信仰和追求。对于教师来说，其思想政治教育的建设也十分重要，要为人师表起到模范作用，教师对学生的言传身教，在学生身上会产生潜移默化的影响。教师只有自身有着良好的自我修养和专业素养，有着坚定的理想信念，才能教出优秀的学生。

（二）强化社会主义核心的引领

在新时代，国内外的社会形势发生着变化。在不同思想的交流与碰撞下，我国传统文化及思想观念逐渐受到其他社会思潮的影响，高校的思想政治教育工作也面临着巨大的挑战。由于大学生缺少一定的社会经验，所以高校在思想政治教育方面应牢牢把握住社会主义意识形态的话语权，巩固马克思主义在意识形态领域不可撼动的指导地位，提高学生对马克思主义国家学说的认知程度，强化学生对新时代中国特色社会主义政治内涵的理解。高校要在日常的教育教学中传播思想、传播价值，在进行知识教育的同时重视价值教育，引导学生积极主动地学习和研究，将教育工作落到实处。十九大以后，随着中国特色社会主义思想的不断深入发展，中国特色社会主义教育更是全方位地融入了高校的思想政治教育中，为高校的思想政治教育提供了绝佳的教育示范与教育典型。高校的思想政治教育肩负着培育社会主义事业建设者的重要使命，因此高校要潜移默化地以情感认同和行为习惯的方式引导学生的价值取向，使其能够树立正确的价值观，进而增强其对社会主义意识形态的强烈认同感。

社会主义核心价值观从公民层面、国家层面、社会层面，对个人应遵循的价值准则和行为标准提出了要求。社会主义核心价值观是意识形态教育的内在组成部分，它能引导大学生坚守正确的价值取向和人生追求。高校思想政治课程是传播社会主义核心价值观的主要阵地，把“三个倡导”的理念运用到教育教学中去，运用到社会实践中去，运用到校园活动中去，能科学地引导学生树立理想信念，培养其社会责任感。其在提高教育实效性的同时也能引导大学生服务社会、奉献社会，从而引领大学生把实现中华民族伟大复兴、发展中国特色社会主义事业视为己任。

第三节　高校思想政治教育的功能与原则

一、高校思想政治教育的功能

高校思想政治理论课教学基本范畴的基本功能表现为对中国特色社会主义思想政治课教学实践活动提供保障，为思想政治课教学提供方法，同时，它还对培育大学生的马克思主义价值观点、立场、方法，形成社会主义核心价值观，对践行中国理想信念、价值、精神的教学活动有建构功能。

（一）保障功能

高校思想政治理论课教学基本范畴对培养大学生的中国特色社会主义理论信念，掌握应用马克思主义的价值立场、观点，树立坚定的马克思主义信仰等教学实践活动的顺利开展具有重要的保障功能。一是保障师生顺利完成教学任务，二是促进大学生提高思想政治觉悟，三是帮助大学生树立正确的理想信念。

1. 保障师生顺利完成教学任务

思想政治课教学基本范畴作为思想政治课教学的基本指导理论之一，最重要的功能之一就是保障师生顺利高效地完成思想政治课的教学任务。它能够使教师更加深刻地掌握这项教学实践活动的本质和规律，能够帮助学生更好地掌握教学内容，能够帮助教师达到预定的教学目标和教学要求，从而取得良好的教学效果。

思想政治课教学基本范畴研究是人们认识该课程教学实践活动本质与规律的基础。人们如果需要弄清楚真理，首先要知道什么是范畴，并用范畴去认识客观事物。思想政治课教学基本范畴本身是思想政治课教学领域中经过抽象和概括后的概念。

人们通过对思想政治课教学的基本范畴进行研究，建立正确的、科学的范畴体系，这有助于揭示研究对象的本质和规律，对师生顺利高效地完成教学任务有重要的保障作用。

2. 促进大学生提高思想政治觉悟

范畴通过思维逻辑对具体的现象进行抽象化，而其功能则是把抽象的概念具体化，用以指导实践。换句话说，这一教学基本范畴从逻辑层面展现了教学过程的系统性和整体性，从而构成了教学理论的基础。思想政治课教学基本范畴对这门课程的教学实践活动及相关的理论知识理论进行规范的功能，是思维从抽象上升到具体的通道，能够促进大学生提高思想政治觉悟。

目前，随着教学手段的不断发展，实践活动的内容逐渐增多，形式也多种多样；教学基本范畴作为教学的理性认识和基本理论单元，对教学中诸要素的位置、作用等都有明确的规定，其对教学的指导作用是教学效果和目的达成的保障。在思想政治课教学开始前，其对教师所采用的教学方式方法也有指导作用。学生通过对思想政治课教学范畴的研究探索，能够更好地掌握这门课程教学的理论知识，对提高自身的思想政治觉悟有重要作用。

3. 帮助大学生树立正确的理想信念

教师通过思想政治理论课教学可以使学生完整地、准确地、科学地理解和把握马克思主义的科学理论，避免了对马克思主义理论形成零碎的、片面的、肤浅的理解，同时也可以避免或减少某些学生用个别结论、现象代替或否定马克思主义的价值立场等。教师用科学的方法向学生讲授思想政治理论这一科学的内容，可以引导学生掌握科学的世界观和方法论，提高其在实践中运用马克思主义的立场、观点进行分析和解决实际问题的能力，并加深其在实际运用过程中对马克思主义的理解，从而使之牢固树立正确的理想信念。

（二）方法功能

思想政治课教学是一门向学生传授具体的科学知识的课程，其教学范畴在本质上体现为教学过程的方法论指导。思想政治课教学基本范畴的方法功能主要包括三个层面：首先是思维中的概念辩证法和对客观世界的认知方法，这有助于解决大学生成长过程中的各种思想困惑；其次是思维的工具和认知客观世界的中介手段，这有助于促进大学生的全面发展；最后是对现实对象的本质规律和内在关系的摹写和规范，这有助于建设高校社会主义精神文明素质基础工程。

1. 大学生全面发展的方法

思想政治课教学基本范畴作为联结教学过程中教师与学生的工具和手段，具有认知中介的功能，是促进大学生全面发展的重要方法。思想政治课教学基本范畴关于客观世界认知的方法，是联结教学主体和教学领域客体现象之间的桥梁和中介。高校思想政治课教学是以培养德智体美劳全面发展的新时代新青年为目标的，大学生的全面发展首先是其思想的发展，高校应当给予学生本人思想及其他方面正确的引导。学生只有对世界有一个科学、正确的认识，其发展方向才不会偏离。思想政治课教学基本范畴是具体与抽象的结合，其以客观生动的内容为研究对象。在新时代，面对日新月异的变化，思想政治课教学基本范畴是学生思维的工具和认知客观世界的中介手段，有利于促进大学生的全面发展。思想政治课教学基本范畴每前进一步，都是个别与一般的结合。高校思想政治课教学基本范畴的方法功能体现在对思想政治课教学实践过程中产生的各种个别和一般现象的本质和规律进行把握，进而引导学生的全面发展。

2. 解决大学生成长过程中思想困惑的方法

范畴方法功能体现为对客观世界的认知方法，思想政治课教学基本范畴的形成和范畴体系的构建，都是通过概括和抽象思想政治课教学实践过程中出现的所有现象，包含一般的和个别的现象，进而使之成为教学中最一般、最本质的概念。高校思想政治课教学基本范畴的一般性在思想政治课教学领域丰富的个别性中得到诠释和发展。

思想政治课作为高校思想政治工作的主要场所和阵地，与学生密切相关，承担着微观层面的解惑工作。思想政治课教学基本范畴是以思想政治课教学为研究对象的，其总结和概括这一教学领域内最本质、最基本的特点和规律，首先突出体现在其能为大学生在其成长过程中遇到的各种思想困惑提供方法指导。思想政治课教学不是简单地对学生进行正面灌输和传播思想理论知识，而是在学生的成长成才过程中给予其一个正向的引导。

古语云："师者，所以传道受业解惑也。"思想政治课教学的特点决定着解惑这一方法功能的重要性。在当代社会中，大学生的思想状况决定着这一范畴需要解决大学生的思想困惑。大学生正处于成长成才的重要时期，其思想价值观念处于成形阶段，其在学习、生活、社会实践中都或多或少地存在着各种各样的困惑，甚至影视作品、社会热点等也会成为影响学生思想情感的重要因素。教师只有对学生产生的种种困惑给予积极的解答，才能真正提高教学的实效性和针对性。思想政治课教学基本范畴是逻辑的辩证思维。教师要及时、科学地解答学生产生的困惑，要引导学生坦然面对，要对问题进行全面的把握。

在教学过程中，教师除了要对理论知识进行正面传授外，还要重视解答学生在领悟理论知识的过程中产生的困惑，这有助于学生在更深层面认识和把握理论知识，也有助于教师增强教学中的问题意识，提高教学的实效性、针对性。

3. 建设社会主义精神文明素质工程的方法

思想政治课教学基本范畴是对其教学领域客观存在的一般形式的反映，概括了教学现象的本质规律和内在联系，是对高校本科思想政治课教学实践的系统性认识，是对高校思想政治课教学领域中各种现象进一步认识的方法和工具，是对教学的本体论、认识论以及方法论的体现。从某种程度上来说，摹写和规范现实是对思想政治课教学实践活动中各种教学现象进行总结的过程。思想政治课教学基本范畴的方法功能体现为对思想政治课教学领域中各种现象的摹写，同时以语言、逻辑和体系的方式对思想政治课教学理论展开研究。思想政治课教学基本范畴具有确定性和相对稳定性，但其不是僵死的、固定的，而是永恒地运动着的、发展着的，故确定性要与灵活性、发展性相结合。高校社会主义精神文明首先体现在学生的思想政治道德素质上，思想政治课作为培养学生思想道德素质最直接的方式，是高校社会主义精神文明基础工程的重要组成部分，提高思想政治课教学水平和质量无疑是促进基础工程建设的重要力量。思想政治课教学基本范畴是对现实对象的本质规律和内在关系的摹写和规范，有助于建设高校社会主义精神文明素质的基础工程，从而为思想政治课教学理论体系的宝库添彩。

（三）构建功能

思想政治课教学基本范畴的构建功能指构建、补充和完善其教学理论体系及认识规律的功能，是对教学过程中最一般、最本质的基本规律和内在关系的反映，能够很好地培育和弘扬社会主义核心价值观，构建中国理想信念、精神和价值。

1. 构建中国精神气质的必要条件

思想政治课教学基本范畴体现了教学理论的基本构架，其教学理论体系建立在教学范畴体系的基础之上，教学范畴体系在一定程度上反映了基本教学理论体系的基本框架。只有通过基本范畴这一思维工具得出的一系列基本理论的观点才能构成思想政治课教学理论体系。而这一理论体系也只有通过范畴这一思维中介才能体现教学过程中产生的种种现象间的内在联系和基本规律。范畴是理论体系构建的前提和基础，其他所有的理论要素都要从范畴中推演、拓展得到，都是隶属于范畴体系的。基本范畴是建立和完善理论体系的重要一步。新科学的产生都要先从现象和观念中找到最基本的概念。

要使思想政治课教学理论体系有所突破、有所创新，教师就必须加强对其基本范畴及其系统的研究。要有效地提升教学质量，就必须有发达、成熟的范畴及体系，就要用完善的教学理论体系指导教学实践，也就是说，范畴体系的完善度直接影响着理论体系的成熟度。思想政治课教学基本范畴的研究还处于初级阶段，其在广度和深度上仍有很大欠缺，距离精确化、科学化还有一段距离，因此教师要不断加强教学基本理论体系的研究。理论体系的具体内容是中国精神气质的重要体现。中国精神气质的养成是思想政治课教学追求的目的之一。简而言之，基本范畴体系的形成是思想政治课教学基本架构的体现及其走向成熟的标志，为构建和完善中国精神气质提供了必要条件。

2. 构建社会主义核心价值体系的重要组成部分

高校思想政治课教学过程就是以马克思主义为指导，培养大学生形成马克思主义的立场、观点等，是培育和弘扬社会主义核心价值观的一个实践过程，这个实践过程毫无疑问需要理论的指导。这一教学基本范畴的构建状况与教学的发展状况和水平有着密不可分的关系，它是思想政治课教学规律的展开和体现，教师可以在对这一规律进行学习的基础上更好地发挥师生的主观能动性，促进学生培养树立社会主义核心价值观的决心和自觉性。而学生自觉树立社会主义核心价值观的成熟度与教师对思想政治课教学研究的广度和深度息息相关，基本范畴的研究直接影响其理论体系的构建，而学生价值观的形成与其对知识理论的认知、坚信有着重要关系，学生对马克思主义理论的认可度越高，那么对社会主义核心价值观的认可度就越高，而教师价值观的培育和弘扬工作的完成度也就会越高。思想政治课教学改革的不断发展，使得其教学实践活动的形式和内容越来越多元化，教学的针对性和实效性也不断增强，不同基本范畴在体系中的位置和作用也会相应地发生变化，所以高校思想政治课教学理论体系会随着思想政治课教学基本范畴的变化和发展而不断变化和丰富，并向着更高层次和水平发展。思想政治课教学基本范畴的构建方式和教学理论体系的构建方式也是相互影响的。

3. 构建高校思想政治教育教学理论体系的重要组成部分

高校思想政治课教学是思想政治教育学这门学科的重要组成部分，在学科发展过程中有着非常重要的地位，而基本范畴作为构成这一理论体系最基本的组成要素，是这一体系中其他诸要素、环节得以存在的意义。思想政治课教学基本范畴体系是一个有机统一的整体，每一基本范畴都是作为这个规律之网的纽结而存在的。这一教学理论体系的构建必须以基本范畴为基石，没有范畴，规律、原理等就无从谈起，而范畴体系具有整体性，任何一组具体的基本范畴都是整体中的局部，是连起整个体系的纽结，没有具体内容也就不能谈范畴体系。相反，范畴不能脱离理论体系这一整体而存在，孤立的范畴无法对思想政治课教学的内在联系和基本规律进行完整的揭示。反之，只有在一个完整的理论体系中，教学的基本范畴才具有实际意义。换言之，思想政治课教学基本范畴与思想政治课教学理论体系之间是个体与整体、要素与系统的关系。

二、高校思想政治教育的原则

（一）坚持把好方向

新时代高校大学生的思想受社会关系和社会环境的影响程度不容小觑，尤其是在自媒体环境下，各种网络信息充斥在大学生的周围且传播快速，各方面的因素都影响着他们正确价值观的形成，而且人的思想也具有可塑性，这就需要教育者在发现问题时及时做好思想政治教育工作。但事实上，使思想政治教育的内容被学生很好地接收与理解并不是一件容易的事，高校思想政治教育工作者应从“心”出发，从培养学生的政治认同、思想认同和情感认同三个层次推进党团认知认同教育，由浅入深、逐渐升华，通过培养学生的光荣感和使命感、坚定学生理想信念的方式确保思想政治教育工作方向的准确性，从而使学生形成正确的思想观念。

1. 加强政治认同教育

政治标准是毛泽东对青年一代教育的首要标准。他认为，业务再好的人才，如果政治上不过关也不是合格的人才。

大学生作为现当代文化素质、政治素质较高的群体，是祖国未来的希望和接班人，他们对现存的政治体系的认同不仅关系到其自身素质的培养与完善，而且关系到整个社会的和谐稳定。现阶段，大学生政治认同中最重要、最核心的一点是对中国特色社会主义道路、理论和制度的认同。但由于大学生思维活跃、政治敏锐性较强，所以其在入学、就业、自身权利保障和家庭利益诉求等方面可能会有不满的情绪，容易出现政治认同危机。并且，受不可逆转的经济全球化浪潮的影响，中国社会整体进入了信息化阶段，已逐步形成多元思想文化碰撞的格局。生活在当下信息泛滥的环境中，各种没有经过过滤和甄别的信息充斥着大学生的生活。由于大学生对政治价值和政治规范的认知尚有不足，所以其政治认同与信仰很容易动摇。针对这种情况，教育者如果对高校大学生缺乏准确及时的教育引导，那么会对大学生个人甚至国家造成产生很大影响。

所以，高校教育工作必须结合当前国际国内的实际情况与时俱进，教育者要关注大学生在新形势下所处的校内外环境和所接触的人际关系的变化，更准确地把握影响大学生政治认同的关键要素，创新地运用教育载体，构建与大学生身心实际相适应的思想政治教育新模式。教育者只有把握大学生成长规律，真正了解大学生的所思所想，找到他们容易接受的教育方式方法，才能引导大学生形成正确的政治认同，才能把思想政治教育做到实处并使之有效。

2. 提高思想认同意识

思想是行动的先导，认同是践行的前提。一种思想、理论被群众认可，就可能产生巨大的力量，从而转化为人们的思想观念，对人们的行为产生实质性的影响。

习近平新时代中国特色社会主义思想，是源于伟大实践的，与马列主义、毛泽东思想和中国特色社会主义理论体系一脉相承又与时俱进的科学理论。作为我党的指导思想，它使得科学社会主义焕发出强大的生机与活力，是应该而且能够为当代大学生所认同、为全体人民所认同且长期坚持的。思想认同是建立在对习近平新时代中国特色社会主义思想的理性认识和准确把握基础之上的彻底认同。但新时代大学生价值观多样多元，受复杂环境的影响，他们的价值观念和思想行为受到了不同程度的干扰。因此，用新思想武装大学生，开展有效的思想认同教育，提升新思想的号召力、说服力、亲和力和覆盖面，将成为解决这一时代课题的重要一环。

高校思想政治教师作为大学生成长路上的导向者，是党的相关理论的传播者，应以身示范，从学生接受教育的源头上做好深切感悟新思想的丰富内涵，科学把握其理论渊源与实践基础、历史地位与指导意义，激发学生对它的认同感等工作，并在此基础上，教育大学生产生思想认同，自觉规范其政治行为。由于当前新媒体传播速度快，广大青年学生获取信息的渠道多，且大学生在思维方式、价值判断和生活习惯等诸多问题上呈现出自身独有的特点，因而高校教师应切忌照本宣科，讲一些假大空的套话，要善于运用贴近实际、贴近生活、贴近学生的实例去感染学生，加强学生对新思想的认同。同时，也可以灵活运用新媒体技术，改进教育教学的方式手段，引导教育学生主动学习接受新思想并对其形成亲近感，从而由对知识的认知向内心价值的建立转变。

3. 促进情感认同融入

人的情感是在认知的基础上产生的，但在某种特定的情感形成后，它又会反过来对认知起着巨大的调整支配、推动和强化的作用。例如，积极肯定的情感能够激励驱使人们自觉自愿地把握事物的本质，并形成对它的正面认知，而消极否定的情绪体验则在一定程度上起到阻碍抑制的作用，导致人们对事物的认知仅停留在表面甚至是截然相反的一面，无法顺利内化为自我的价值追求。习近平在党的十九大报告中指出：“要以培养担当民族复兴大任的时代新人为着眼点，把社会主义核心价值观融入社会发展各方面，转化为人们的情感认同和行为习惯。”所谓情感认同，指根据个人需要，对他人或某个群体的思想态度、价值观念、行为方式产生的一种积极肯定的情感体验，并在追求这种体验的过程中不断内化为自身的价值信念。它真正尊重人的内心情绪，体现了以人为中心的教育理念。

帮助大学生健康成长以及为国家培养可靠的社会主义事业接班人是高校教育的职责所在。但在实际教育实践过程中，思想政治理论课与其他课程教育不同，它本身无法像其他课程一样可以被客观地量化评定，社会对其衡量还不深入完善，因而学生自己也不够重视。而人们又不能光靠对抽象理论的空洞说教和僵硬的制度约束来改变这一现象。因为对大学生进行思想政治教育是一个需要注入情感的过程，人们一旦获得情感认同就能根据思想政治教育的要求去规范约束自身的思想和行为。

因此，加强情感认同的整合，充分调动学生的积极情感因素，通过情感搭建师生之间的桥梁是明智之举。触动学生内心深处最朴素、最柔软的部分，使其增强对教育内容和方式的认同感，激发同理心，必要时还可“投其所好”，让学生自觉自发地认同马克思关于未来世界的美好设想以及我党的路线、方针、政策。因此，高校思想政治教育不应强制灌输和考核，而应遵从学生个性化的成长规律，充分考虑每个学生的道德认知和情感需求，努力在心理情感方面与之产生共鸣，使学生听之可信，信之能行，行之有效。

（二）注重贴近实际

思想政治教育的重点是做人的工作，受家庭、学校和社会等各方面因素的影响，新时代大学生的成长发展呈现出新的特点。这就要求教育者在教育过程中不能千篇一律，毫无生气，而应切实遵循大学生的成长规律，时刻关注大学生的思想实际和身心特点，注重人性关怀，了解大学生的成长需要，并让大学生在思想政治教育中有所进步，增强在接受教育的过程中所得到的获得感。

1. 关注学生的身心特点

2017 年，习近平在中国政法大学考察时强调，青年大学生这一独特群体是高校思想政治工作的教育对象，要想使高校思想政治工作顺利高效地开展，学生的成长发展规律以及他们的成长成才需求是一定需要格外关注的。

人的个性是独立的个体在社会实践生活中形成的区别于他人的特质，新时代大学生的显著个性主要表现为精力旺盛、个性鲜明、思维观念多样且多变。这要求教育者在教育过程中应当尊重大学生的成长规律，把握他们的思想实际和身心特点，拒绝千篇一律，做到因人而异、因材施教，理解尊重学生的个性差异，包容看待存在特殊情况的个体，针对不同主体的不同情形对大学生进行有区别、有分类的教育工作，为大学生个性的充分自由发挥提供空间，运用学生喜欢的合理方式进行教育，让他们真切地感受到被尊重，进而培养其健康、积极的人格。譬如，学校可以借助多种网络新途径整合线上线下的相关教育资源，运用各式各样的、契合学生思想实际的形式，激发青年学生强烈的思想共鸣，使其自主将所学内容内化为价值观念，从而改善教育效果。

2. 服务学生的成长需要

思想政治教育的对象是人，自然其教育过程与人的需要之间存在着不可分割的联系。习近平提出围绕学生、关照学生、服务学生的主张，就是要求教师要树立在服务中开展教育、教育引导依靠服务的理念，为学生成长成才的实际需要提供全方位的、高质量高水平的服务，这也是巩固强化思想政治教育效果所应有的客观遵循。马斯洛的需求层次理论认为，人的需求不是一成不变的，而是在个体自身的成长发展过程中不断递进的。其认为，人的需求是其行为的动力源泉，且处在不同时期、地域、层次的人有着不同的需求，即便是同一个人，受不同环境与时机的影响，其需求也是不一样的。这个理论以“需求”为着力点，为人们了解和研究人类的需要特别是了解新时代大学生的需要提供了一个较合理的方向。

大学时期是大学生学习知识、捕获真理的阶段。在这一阶段中，大学生要通过挖掘自身潜能和提高素质来满足社会发展的需要，如此才能更好地实现自己的人生价值。所以，在新时代，大学生的生理和心理更加成熟，主体意识逐渐增强，主体需要的层次也在逐渐提高。因此，教师要紧抓课上课下的时间，尤其是氛围轻松的课下时间，多与学生接触，了解掌握他们的个性特点，格外关注他们的成长发展需求和心理感受，并在合适的教学场合中通过各种有效的形式激活其内源动力，因势利导地增强其综合能力，使其成长成才，在适应满足时代发展要求和社会进步需要的同时获得良性发展。

3. 增强学生受教获得感

“把改革方案的含金量充分展示出来，让人民群众有更多获得感。”这是2015 年习近平在全面深化改革领导小组第十次会议上提倡的，学生获得感便是由此延伸来的。2017 年，教育部为进一步提升马克思主义学院建设的科学规范现代化水平，发布了《高等学校马克思主义学院建设标准（2017 年本）》，提出思想政治理论课教学考评要“以学生获得感为评价导向”，这再次要求高校在对大学生进行思想政治教育工作尤其是在开展思想政治理论课教学时应以学生受教获得感的高低为衡量尺度，并以此作为改进完善教育工作的依据。

大学生思想政治理论课获得感，指学生在接受思想政治理论教育后产生的一种能够满足他们现实或潜在的且能长久维持下去的满足感和成就感，是一种对自身受教育的精神状态、主观体验和情感反应的表达。就传统教学模式而言，教师在教学中往往会将关注的重点放在讲了什么方面，而忽略学生的获得感，也就是学生得到了什么，这就使得教育有一种“本末倒置”的意味了。具体表现在以下几方面：许多高校的教学内容在中学政治课上都出现过，学生觉得没有新思想；宏大权威的理论叙述和千篇一律的共性化教学素材使得思想政治理论课少了些生动活泼，显得枯燥乏味；教师教学方式死板，授课自说自话、自娱自乐的现象普遍，忽视了学生的参与和体验，容易让学生无法找到兴趣点……那怎样使思想政治课真正被学生接受并产生认同感呢？明确学生的具体思想与实际诉求、重视学生的获得感是关键一步。因此，在进行教育实践的过程中，思想政治工作者们应始终遵循大学生的成长规律，去了解学生的真实需求，并关注学生的情感体验，增强理论课程的导向性，以亲和的方式感召吸引大学生，从而让学生在经过思想政治教育熏陶后能够有满满的体验与感悟，获得感倍增，这也是高校提高思想政治理论课教学评价水平和质量的精神准则与价值追求。只有把学生获得感放到教学评价当中，才能激发学生在学习过程中更强的认同感，从而更加主动地探究有效的学习方式，将所获得的教学内容内化为思想观念、外化为实际行动。

（三）强化融会贯通

1. 做好话语转换

思想政治教育话语作为一种言语符号，促进师生之间的有效交流与沟通是它最重要的任务，是顺利开展思想政治教育工作必不可少的媒介。高校思想政治工作者巧妙艺术地运用思想政治教育话语亦是必需的。

当下，思想政治理论课面临的一个十分尖锐的问题就是实效性，也就是教学目标要求的实现程度不强。不言而喻，这与思想政治教育话语是密不可分的。首先，思想政治理论话语应当是具有显著时代性的，不同的话语体系体现的是不同的时代特征，因此其话语内容应当在意识形态一元化的基础上被赋予新的时代内涵，长期偏离时代、形式单一是不利于新时代下高校思想政治工作的开展的。其次，思想政治理论课的教材话语惯用严肃的政治话语去表述党的路线、方针、政策，运用深奥的政治理论去解释晦涩的理论，具有极强的政治权威性。但在思想政治教育过程中，学生更倾向于用大众化、生活化的学习方式和日常生活的话语来表达自己的思想观念和思路见解，而单纯使用控制式、劝说式的方法和文本色彩太过浓厚的教材术语就很难激起大学生的兴趣热情、心灵共鸣和价值认同。最后，新媒体时代背景下的大学生追求个性化、差异化和独立性，主体意识日趋增强，对于思想政治话语，他们在客观事实上接受的只是基础，但更根本的应是价值认同。马克思主义理论体系具有丰富的内涵，如果教师在授课过程中不转换话语，而是照本宣科、原封不动地对大学生进行理论灌输或政治宣讲，那么不仅科学理论的丰富内涵不能被深入地解读，而且也会引起学生的排斥感和逆反心理，从而破坏教学效果。

为此，在新时代下，如何契合大学生的学习诉求，恰当合理地转变调适话语方式，运用学生能听懂的、喜闻乐见的、易于接受的话语表达来传递一些宏大权威的政策、文件、理论话语，将思想政治理论转化为遵循学生成长规律、适应学生发展特点的教学话语，使之成为对学生成长有用的道理，已成为提高思想政治理论课实效性的关键之一。高校思想政治教学语言应是面向大学生生活实际和内心世界的，教师在关注他们兴趣爱好的同时，也应给予学生一定的空间和更多的话语权以使其充分表达自己的观点，阐释自己的独特见解和思想理念，只有这样，思想政治教育才会更加有生命力、有意义、有活力。

2. 善于潜移默化

邓小平也认为解决人的思想认识问题应符合人的思想变化规律，应借助民主的方法、科学的理论和柔性的渗透感染说服教育群众，而不是强制压迫。潜移默化的隐性思想政治教育，是一种把教育内容融入环境、文化和生活当中的，能够不被教育对象意识到的、引导受教育者在良好的氛围和各项活动中形成某种体验感受并潜移默化地将其内化为受教育者思想价值观的教育形式，有着教育目的隐蔽、教育手段间接和教育过程轻松等特征。它强调润物无声地发挥效应，这有效地降低了学生产生逆反情绪的可能性，使其在无知觉中接受健康向上的熏陶教育。

当代大学生个性鲜明，头脑灵活，对于纯粹的理论教学、灌输教学略有排斥，而且大学生的道德情操和价值观念不是大学生单纯通过课堂上的讲解就能培养的，而是需要大学生在学习和生活中循序渐进地汲取和获得的。

教育者可以从以下三方面做起：第一，从尊重当代大学生的成长规律出发，正确了解把握大学生的思想现状和成长需求。运用正确的、贴近生活与实际的教育方法潜移默化地感染大学生，实现“生活处处有思想政治理论课”，使得思想政治教育无时不有，无处不在，让部分学生能够摒弃思想政治理论“假大空”的错误观点。第二，创设具有隐性教育作用的教育环境。思想政治教育仅仅依靠思想政治理论课的灌输和相关工作人员的说教是不行的，它还需要借助各部门人员的合力。第三，潜移默化的思想政治教育具有教育目的隐藏的特性，高校可以以多姿多彩、生动活泼的形式吸引青年学生，合理选择新时代大学生认可的丰富多样的载体和方式，紧紧围绕大学生的日常生活与实践活动，并把合适的生活素材融会贯通于思想政治教育内容当中，让学生在别具匠心又轻松和谐的环境氛围中受到潜移默化的教育。因此，高校教育者应当努力探索教育内容与大学生生活实际的可融汇之处，并把它贯穿于高校系统的每一个要素中，让学生在情理交融、循循善诱的过程中不知不觉地接受熏陶教育，从而达到润物无声的效果。

3. 注重实践养成

列宁认为，那些从共产主义书籍中得到的、离开工作和斗争的有关共产主义的知识是一文不值的。毛泽东也强调，“人的正确思想，只能从实践中来”。人的全面发展也是从生活实践中总结出来的，在社会风浪中拼搏出来的。幸福都是奋斗出来的，只有凭借自己勤劳的双手和突出的业绩艰苦奋斗、埋头苦干，才能成就完全属于自己的精彩人生。大学生要立足于整个国家和社会的发展，以服务国家、服务社会和服务人民为宗旨，把中国梦的精神力量运用到个人日常工作中去。即使目前的物质生活水平在不断提高，教师也不能持有部分大学生中存在的“艰苦奋斗过时了”的错误思想，因为不论是从中华民族自强不息的奋斗历史中看，从中国的现实国情中看，从民族复兴的奋斗目标中看，还是从实现共产主义的远大理想中看，艰苦奋斗这种宝贵的品质是永远不会过时，是值得所有人学习和坚持的。因此，高校思想政治教育应特别注重深入基层、深入群众的实践教育。

实干圆梦，实干兴邦。离开了实践，再好的思想政治教育都是空中楼阁、昙花一现。就“重视实践”这一观点，历届国家领导人不厌其烦地多次强调过，即使到了新时代的今天也仍然非常重要。一方面，参加校内外实践可以让学生在奉献社会的过程中认识到自己的价值，在切实的自我体验过程中有所感悟，从而将其转化为自己的道德认知和与之相适应的道德行为。另一方面，参加实践活动可以让学生看到、了解到很多没有接触过的事物，帮助学生开阔视野，增强其思考解决问题的能力，从而更好地把在校学习的理论运用到实践中。

另外，大学生在校的主要任务虽然是接受课堂学习，但作为教育者，不能局限于书本知识，只关注理论灌输。由于社会环境、校园文化和教师有效引导等因素的影响，学生对课外甚至校外的活动热情日趋高涨，自身的实践能力也在逐步提升，这都为高校实践教育奠定了很好的基础。因此，在思想政治工作中，教师可以充分利用生活中那些能够令人感动和思考的事迹，并以此来作为引导学生思考、使之将其运用到个人生活中的教育资源。为增强学生的社会责任感，教师还要注重引导学生深入社会、了解社会，根据学生的实践需求组织学生参与活动，从而实现知行合一。

第二章　高校学生管理工作主体的特征

自有人类产生，就有教育；自有教育，就有师生关系。与其说师生关系是学校众多关系中最基本的人际关系，倒不如说师生关系是人类社会最古老的关系之一，与人类生存、发展密不可分，且息息相关。本章分为高校学生管理工作主体的内涵、高校学生管理工作主体的特征两部分。主要内容包括如何理解高校学生管理工作主体的内涵，高校学生管理工作主、客体观点评析等方面。

第一节　高校学生管理工作主体的内涵

一、高校学生管理工作主体

（一）主体和客体的基本概念

主体和客体是认识论的一对重要范畴。

主体指有思维能从事实践活动的人；客体是和主体相对的客观事物、外部世界，是主体认识和改造的对象。只有社会的人才能成为主体。人有意识，有思维，能把自己的活动同客观事物区别开来，并能发挥主观能动性，对事物进行自觉的调节和控制，以实现人的预期目的。客体不是指一般的客观存在，只有当客体对象进入主体的认识领域和实践领域，成为主体认识和实践的对象的时候，它才作为客体而存在。它是整个物质世界的一部分。随着人们认识能力和实践能力的不断提高，主体会把有目的的活动指向现实更广的领域和更深的层次。主体和客体是对立的统一，二者相互联系，相互制约。

（二）传统教育理论对高校学生管理工作主体认识的片面性

传统教育将包括学生管理在内的教育活动视为一种社会实践，并为教师所接受。教师是主体，学生是受益者和客体。

从哲学角度来看，该内容的主体和客体属于“提高认识过程中相互竞争和相互关联的两个实体要素”，在“提高对实践的认识”的背景下，这两个要素是相同的，即实践者、知识分子或行为者本身；对象本身是实践中的主体、知道该行为的人或行为本身的行为人。“教育自主权”实际上意味着，在教育实践中，教师或学生在学校、课堂和其他教育组织等教育活动的实体中，是一种社会集合形式，能够自主决定活动的开展、结束等各项事宜。

人与人之间的关系，即双方（你和我）之间的对话和开放，是人类历史和文化的核心。所谓的教育，是人与人之间的心灵交流，包括传授知识内容、提高个体对生命历程的认识、规范其自身行为以及通过文化传播功能向具有自由个性的年轻一代传授文化。所以，教育是用当今世界的有益文化来唤醒人类的灵魂，而不是将现有的原始知识放到人们的心中。教育是人与人之间对话的平台，“对话的道路是与自己探索的真理”，而不是培训和观察。

因此，很明显，过去在利用“主体—客体”生产实践模式理解教育活动中人与人之间的关系时采用的方法，将人类活动和“事物”之间的不同活动与人类教育和动物培训之间的根本区别混为一谈。在教育活动中，人与人之间的关系不能用“主体—客体”的模式来理解，后者是社会实践的另一个方面。因此，从人际关系的角度来看，从其活动和相互作用的角度来看，教育是一种关系和方法。

教育活动作为以人的发展为基础的社会活动，从本质上讲是一种人的生产实践。教育实践是教育行为者在某些教育活动中的一种共同做法，目的是通过一种语言或非语言系统（主要是课程和教材）为学生建立一个完整的精神世界。换句话说，教育交流实践是一个人与人之间的全面精神对话过程，是教育行为者之间相互作用、相互交流、相互沟通和相互理解的过程。

传统教育理论对高校学生管理工作主体认识的片面性主要表现在以下两方面。

第一，管理者中心论。传统教育理论，包括中、外的传统教育理论，将教师放在整个教育进程的中心，学生处于完全被动的状态。在中国，这一理论从古代到现代都占主导地位，强调正式服从和教导。尽管“我说你服”和“唯上唯书”理论有助于学生获得更稳定的系统知识，但这一理论忽视了“服从”的抗议，严重阻碍了学生从不接受到接受的转变，也影响了学生管理的相关工作。

第二，学生中心说。这一理论以卢梭、杜威为代表。他们认为，教学过程的核心，以“勤杂工”的教师为基础，强调学生的完全自主和有选择的权利，教师需要对学生的需要做出反应，而不是在讲台上发号施令。这种观点有助于培养学生的自我选择和评估能力，但夸大了学生的主观性，不利于教师把握教育的方向。

事实上，教师和学生之间的关系在教学过程中是自相矛盾的。学生管理需要教师和学生之间的互动和实质性角色的交流。没有教师的教育，学生就无法在自学的情况下发展自己的能力。因此，在学生管理学生的自我教育阶段，学生成为自学的组成部分，而教学和政策教育的内容则成为学生学习的客体。

二、高校学生管理工作主、客体观点

谁是高校学生管理的主体和谁是高校学生管理的客体是我国教育领域讨论的重要问题。考虑到高校学生管理的深远影响，此处选定其中三个要点进行比较分析，以了解这一问题。

（一）学生客体论（教师唯一主体论）

区分高校学生管理活动与学生学习或自学活动，重点是区分学生管理的主客体。评论家认为教师是参与学生管理活动的人，但他们所面临的目标是他们所使用的教育目标和影响。将学生置于教育进程的前沿，将教师置于自己的控制之下，实际上是将教育进程与学生的学习和自动发展混为一谈，从根本上说，这是对教育的一种扭曲。一些评论者还指出，学习过程本质上是一个自学过程，教育是自学的基础和前提，自学是其继续和发展。管理是教育的实际主题，学生是教育的实际客体（潜在主体），这是一种相对具体的关系。

虽然学生是自学的主体，但对教师来说，其仍然是教育的客体。学生只有在积极参与自然和社会实践时才是实践者。

（二）学生唯一主体论

有评论家认为，大学学生管理活动的对象主要是学生，而不是教师，高校的学生管理活动取决于教师的指导，学生的主要活动和个人发展是在教师的指导和帮助下进行的，但教师不能成为高校学生管理活动的对象，教师只是不可或缺的导师。一位评论者指出，将学生安置在大学学生管理活动中，是要学生意识到管理工作的要素，而实际上，学生只是主要的参与者。当然，一些评论家在研究中确定了学生的主体地位，即研究的主体、知识的主体、发展的主体和信息接收的主体。

（三）双主体论

持这种观点的研究人员在总结了教师和学生的唯一主体论之后指出，在高校学生管理中，教师和学生是主要的主体，因为他们彼此共存。一些学者指出，高等教育机构的学生管理是教师和学生之间的双边活动，参与者不仅包括学生，而且还包括教师，他们参与的是双重活动，而不是单方面活动。

而有学者则对师生双主体这一命题进行了较为细致的论证。一方面，普通学生是社会和自我动力的结合。教育是人的社会化过程，但在这一过程中，学生不是一个“安静的社会”，而是表达了积极精神、自我意识、活力、创造力以及一种强烈的“我要学”的愿望的“社会”，这是学生作为知识接受者的内在动力和动机。另一方面，在本质上，学生的自主权有时是自觉的，有时是自发的；有时是积极的、正确的，有时是消极的、错误的；有时是较小的，有时是较大的。

第二节　高校学生管理工作主体的特征

一、高校学生管理工作中大学生主体的特征

（一）大学生主体的角色转换

1. 大学新生的第一次角色转换

大学新生适应环境、人际关系后角色的变化，是个人适应现实生活所必需的手段，学生应在不同的环境中看到自己的作用，并采取适当的行动。否则，其行为可能会变得怪异、无效，因而无法适应环境。在很多种情况下，角色的改变是自然的，甚至人们感觉不到自己在适应这种变化。然而，在某些情况下，环境的变化也使个人无法通过“自动控制”做出反应，这就要求他们的思维和行为方式要改变。影响思维和行为模式的任何变化都会造成不平衡。大学与中

学的不同主要体现在生活的四个“自由”方面：时间自由、学习自由、获得信息的自由和使用资金的自由。他们拥有属于自己的“自由”，但在使用时缺乏经验。改变角色的核心是个人积极地适应环境。学生适应环境意味着其逐步改变生活方式，努力适应新的环境。

2. 中年级学生的第二次角色转换

中年级学生主要指大学三年级学生，这是大学生的黄金时期。学生在此期间接受专门的教育，并找到学习自己喜欢的专业的方法，改变对最初不感兴趣的专业的态度。他们进入了大学生活的适应阶段，并在实践中学会了照顾自己。学生关于生活、人生的价值观和世界观正在成熟。一般来说，这一阶段学生的心态比较稳定，因为他们不像新生那样常常感到迷茫。

3. 高年级学生的第三次角色转换

高年级学生一般指大学四年级学生，即毕业生。他们将参加一些重大考试，包括找工作的各种考试、学期期末考试等。同时，不知选择什么工作、是选择直接工作还是继续求学深造等，也是困扰学生的重要问题。当毕业生处于两难的境地中，内心不免会出现焦躁、不安、迷茫等情绪。

（二）新时期高校学生管理工作中大学生主体的特征

1. 智能增长达到顶峰

该内容主要表现在以下几方面。一是观察能力的显著提升。个人观察的能力与其智力经验密切相关。当学生在大学时，其基本掌握了相应的知识，情绪和情感比以往更加稳定，这使其观察能力显著提升。二是记忆力处于最佳时期。在人的一生中，大学时代或许是人记忆的最佳时期，有这样一组数据：18 到 29 岁之间，记忆能力是 100%；10 到 17 岁之间，记忆能力是 95%；35 到 49 岁之间，记忆能力是 92%；50 到 69 岁之间，记忆能力是 82%。由此我们可以看到，在大学时代人的记忆能力是最强的。三是抽象思维、逻辑思维逐渐占主导地位。在大学阶段，许多学生在积累知识时会受到启发，这时就出现了抽象思维，这种思维后来又激发了更有效的逻辑模式，使大学生能够客观地对逻辑顺序做出反应，而不是思考。其能够从宽广的角度看待问题，进行全面的思考，并能够在不忽视重要细节和关键因素的情况下确定问题的基本轮廓；能够很好地把握人的本质，把握事物的本质；能够独立地理解和解决问题。

2. 情感日益丰富

主观经验源于客观现实的需要，情绪和情感的产生是客观事物能否满足人的需要和愿望的体现。情绪分为三类：第一，心理状态。即一种脆弱、分散和永久的情感状态。第二，激情。即一种短暂而强烈的爆发的情感。第三，压力。即由意外情况造成的紧张，特点是焦虑和疲劳。

大学生越来越具有社会性质。其更有激情、更有热忱和更有豪情，这就使得客观事物能够影响到其自我体验，丰富其情绪和情感。意识形态教育应利用情感交流模式，为学习者打开大门，并减少其负面的心理影响。社会情感是一种崇高的人文情感，反映了个人的社会关系。它分为道德、思想、美学和信仰。从进入大学开始，学生便对生活充满热情，因为他们的身体特征、身体素质、活动和活力发生了变化，对一切充满了好奇，有着极强的探索欲和求知欲。

3. 批判性思维增强

如今的世界是一个开放的世界，信息技术的发展加速了信息流动，使人能够最大限度地获取信息。经济全球化是现代市场经济的一个重要特征。大学生是一个活跃的群体，他们接受新鲜事物的能力强，获取信息速度快，且很多时候对问题有自己的看法。这使其能够对社会问题进行更合理和更积极的分析，并形成批判性思维。

4. 感情脆弱、意志薄弱、依赖性强

中国犯罪学研究会会长、北京大学法学教授康树华所做的一项调查显示，1965 年青少年犯罪在整个社会刑事犯罪中约占 33%，其中大学生犯罪约占 1%；而近几年，青少年犯罪占到社会刑事犯罪的 70% ～ 80%，其中大学生犯罪约为 7%。康教授认为，大学生人群不成熟、年少轻狂、意志薄弱，学校和家庭的工作做得不到位，这诸多情况导致了犯罪情况的发生。其实与一般人相比，大学生属于一个高素质、高学历的群体，有更多分辨是非的能力，所以，学校应加强对大学生生活环境的管理并给予其更多的关爱。

犯罪的大学生经历大多相同，都是还没有真正步入社会的学生。查看他们的罪行不难发现，不但作案流程单调，而且手法简单，目标明确，很容易被侦破。他们的犯罪动机特别简单，道德品质没有什么大问题，很多时候是虚荣心在作怪，这才使他们走上了犯罪的道路。

（三）大学生形成主体特征的原因

1. 内在原因：独生子女的自身特点

当今的大学生，绝大多数是家中的独生子女。独生子女家庭的与众不同，突出表现在一个“独”字上。不可否认，“独”的环境给独生子女们带来了许多有利条件：第一，经济条件较为优越；第二，享有充分的父爱和母爱；第三，有更多的成长发展机会。但是，“独”的特点也给他们的成长带来了不利影响：父母的溺爱，使他们养成了任性、占有欲强、自私自利等坏习气；缺乏同龄群体的环境，使他们集体观念淡薄；家人过多的照顾，使他们在独立生活能力、自主性、判断力、适应力方面显得相对薄弱；父母期望过高，也使他们心理负担过重，影响了身心的健康发展。独生子女大学生的成长环境赋予了他们独特的心理个性。这些心理潜质在他们进入大学校园这个崭新环境后，受到了不同程度的冲击，形成了一系列富有特色的变化。

独生子女家庭的氛围与教育方式有时会有“排他性”的特点，使大学生不愿意与他人分享幸福，这导致悲伤也是自我承受。这一切无疑都不利于独生子女大学生从家庭顺利过渡到大学集体生活。他们在得不到别人承认、赞同时，积极性会降低，从此远离集体、孤芳自赏；更有钻牛角尖者认为“别人在孤立自己”，愤世嫉俗，从而产生压抑、浮躁的心理。如果他们的热情得不到及时、合理的保护，他们的愿望得不到有效的表达，那么他们的个人发展会受到影响，身心发展也受到影响。

2. 外在原因：市场经济体制的建立和多元文化的发展

自改革开放以来，我国最深刻的变化是市场经济体制的建立。市场经济体制的建立彻底改变了人们之间的关系，改变了其心理特征、习惯和行为。随着商品经济的发展，人们的所有经济活动都会受到市场经济规则的制约，并被无形的手支配。适者生存，市场经济影响着人类进步的精神、守时的观念及独立人格的形成。平等和自由是商品生产的先决条件。市场经济提高了个体的个人意识，使之产生了实用主义和盈利主义的价值观。

信息网络的出现和发展为人类交流提供了极大的方便，改变了人们的互动方式，曾有一项调查研究发现，大学生的网络生活中最常见的内容有五个：68% 的大学生用它“交流情感”，40% 的人用其“浏览信息”，37% 的人使用“电子邮件”，此外还有人“下载软件”和玩“网络游戏”。互联网的虚拟性质，使人们可以在不暴露自己身份的情况下表达自己的感情和愤怒，因此，互联网上的聊天已成为大学生生活的一个重要组成部分。近年来，校园内普遍存在网恋的情况。长时间的网上聊天和交往会使心理变得封闭和孤僻。因此，网络改变了大学生的生活，更重要的是改变了他们的思维和行为。

2001年11月22日上午，共青团中央、教育部、文化部、国务院新闻办公室、全国青联、全国学联、全国少工委、中国青少年网络协会在人民大学联合召开网上发布大会，向社会正式发布《全国青少年网络文明公约》，明确提出了“五要五不要”：要善于网上学习，不浏览不良信息；要诚实友好交流，不侮辱欺诈他人；要增强自护意识，不随意约会网友；要维护网络安全，不破坏网络秩序；要有益身心健康，不沉溺虚拟时空。所以，网络是一把双刃剑，既能给人们带来福祉，也能引发许多不良问题。

《新时代公民道德建设实施纲要》还呼吁“指导因特网机构和广泛的因特网用户提高网络的道德意识，共同努力建设网络文明”。环境的净化取决于因特网的自我管理。相关人员应加强因特网的管理，打击各种违法犯罪行为，为学生及广大民众建立一个和谐稳定的环境。

二、高校学生教育管理工作的特征

与改革开放前和改革开放初期的学生教育管理相比，当今在校大学生的思想教育管理具有一些新特点，根据管理的四要素，现将高校学生教育管理工作的特征分为以下四个方面。

（一）高校学生教育管理主体的层次性

目前，我国的高校教育管理部门是一个庞大的教育管理组织，由兼职教师和全职教师负责相关工作。学生教育管理的组织机构按照层次划分，可分为三个层级。第一，高层管理机构。高层管理机构主要指对全校学生的教育管理工作进行统筹规划、组织领导、决策的机构，主要指校党委会，主要的领导者是主管学生工作的党委副书记。第二，中层管理机构。中层管理机构是在学校高层管理机构的领导下，认真贯彻上级主管部门和学校的方针政策，组织制定学生教育管理工作的计划和方案，领导全校开展各项学生教育管理工作的职能部门，主要指学工部、学生处、校团委以及宣传部等部门。第三，基层管理部门。基层管理部门指在高层和中层领导部门的领导下，具体开展各项学生教育管理工作的部门，它是高校学生教育管理工作的基石，主要指院系党总支以及其领导下的院系分团委、学生工作办公室。在这三个层级体系中，既有以学校分管学生教育管理工作的副书记、学工处处长、党总支书记、分团委书记、辅导员、班主任为主体的专职队伍，也有由校党委宣传部、组织部等政工部门和机关各行政部门有关人员、专业课教师组成的专职人员。可以说，高校学生教育管理工作的主体具有专兼结合、多层次、多格局的特点，基本实现了对在校大学生的全员、全程、全方位的“三全”管理。

（二）高校学生教育管理客体的多样性

随着经济的发展和时代的变迁，当今在校大学生呈现出多样性的特点，教育管理客体的复杂性增加了教育管理工作的难度。具体而言，当今大学生多样性的特点主要表现在以下几个方面：一，从年龄结构上看，他们的年龄一般在18～23岁之间，正处于青春期的后期和青年期的早期，也是生理和心理变化最为剧烈的时期。就学生个体而言，其是一个复杂多变的矛盾体。二，从群体结构上看，随着高校扩招规模的不断扩大，高等教育开始从精英教育向大众教育转变，学生群体成分复杂，既有经济拮据的贫困学生，又有家境殷实的富裕子弟；既有性格成熟稳重的阳光学生，又有受到父母呵护甚至溺爱的“问题”学生。所以，学生群体的差异使教育管理变得更加复杂。三，在信仰和价值观方面，一些学生具有远大的理想和多元的价值观，对世界观和价值观有正确的看法，能够自觉地奉行社会主义的基本价值观；相反，有的在校大学生则缺乏远大的理想，功利心很强，做事总是要求现实的回报，目标非常迷茫，价值观也异常混乱，人生观、世界观、价值观有些时候是扭曲的，缺乏辨别是非的能力。四，从实践能力层面上看，有的在校大学生努力勤奋，能深入开展各项社会实践活动，善于在实践活动中创新，能将理论和实践很好地结合在一起，具备很强的实践动手能力；而有的在校大学生则整天无所事事、磨洋工，做一天和尚撞一天钟，理论知识较差，缺乏实际动手能力。

（三）高校学生教育管理环境的复杂性

随着社会主义市场经济的发展，尤其是中国加入世界贸易组织（世贸组织）之后，中国与世界各国之间的开放程度正在扩大，文化交流也在增加，尤其是西方的意识形态，正逐渐影响着我国的爱国主义教育、集体主义教育和社会主义教育。同时，在国内全面进行社会主义经济建设时，市场经济对高等教育产生了一定的负面影响，高校教育体制改革和大规模的扩招办学使得当今高校的教育管理环境变得异常复杂。这些外在环境的变化给在校大学生的思想带来了很大的冲击。在这个信息化、多元化、商业化的时代里，如何做好高校学生的教育管理工作，不仅关系到高校的安全、稳定和各项工作的顺利进行，而且还关系到社会主义建设人才的培养和国家的长治久安。

（四）高校学生教育管理组织目的的明确性

高校学生教育管理工作的组织目的，从宏观方面讲，是为社会主义现代化建设培养可靠的建设者和接班人，从具体层面上说，是为学校创造良好的育人环境，通过一系列教育管理活动，追求高校学生思想教育效益的最优化。为了实现这一目标，高校应认真贯彻落实党和国家的各项教育方针政策，紧跟时代发展的步伐，科学地分析判断国内外的政治经济环境和高等教育所面临的问题，认真管理教育机构，优化学校教育资源的分配，使教育管理的行动能真正服务学生。同时，还要建立一支有能力和有效率的管理队伍，改进评估和反馈系统，为大学教育管理创造有利环境。

第三章　高校思想政治教育与学生管理工作现状

随着素质教育的提出，人们越加重视思想政治教育工作的开展，思想政治教育工作开展得好坏直接影响着其对社会的作用。可以说，加强高校学生的思想政治教育、提高大学生的思想政治素养，对全面实施科教兴国与人才强国战略具有十分深远的意义。同时，学生管理工作是高校管理工作的重要组成部分，对学生政治教育工作的开展来说有着重要作用。本章分为高校思想政治教育的现状、高校学生管理工作的现状、高校思想政治教育面临的新机遇与新挑战、高校学生管理工作面临的新机遇与新挑战四部分，主要内容包括高校思想政治教育取得的成绩、高校思想政治教育存在的问题、高校学生管理工作存在的问题、高校学生管理工作面临的新机遇等方面。

第一节　高校思想政治教育的现状

一、高校思想政治教育取得的成绩

（一）高校思想政治教育师资不断优化

教育者的思想素质和知识理论水平在很大程度上影响着思想政治教育的效果。高校在重视主渠道建设和发展的同时，不能忽视对教师队伍的建设，应不断推进队伍建设，健全管理及激励体制机制。其中，数量充足、素质优良的师资力量对于高校思想政治教育工作的推进非常重要。根据问卷调查结果的分析可知，目前绝大多数教师的思想政治水平和理论知识素养基本符合思想政治教育者的基本要求。同时，高校响应习近平的讲话精神，坚持“严格标准、精心选拔、优化结构”的人才选拔方针，从“入口”处严格把关，而且更加重视构建良好的工作文化环境，组织开展教职工文化活动，这使得教师队伍形成了和谐友善、积极向上的工作氛围。绝大多数高校会定期安排思想政治教师参加党章党规的学习以及学习重要会议精神的讲座。

（二）高校思想政治教育对象主体意识增强

习近平在意识形态工作论述中强调了人民性，强调意识形态领域的一切工作都要依靠人民、围绕人民，为了人民群众的根本利益。用该论述中的观点和方法分析高校思想政治教育，可以看出高校所面对的教育对象主要是学生，因而，高校思想政治教育应做到“以学生为本”，实现全程、全员、全方位育人。对于高校思想政治教育而言，学生就是学习的主体。

一方面，从问卷调查报告分析中可以看出，当前高校大学生对于思想政治教育持积极配合的态度，会主动看“学习强国”等网络平台上的思想政治内容，对高校思想政治理论课的学习主动性也比较强烈。

另一方面，传统意义上的高校思想政治教育更加注重思想政治理论知识的灌输，主要以课本教材内容为教育重点，以教师的讲授为中心，在一定程度上违背了学生作为学习主体的原则。习近平指出，思想政治工作从根本上说是做人的工作，必须围绕学生、关照学生、服务学生。高校要更加重视和尊重学生在思想政治教育中的学习主体的身份和地位，通过课前预习活动、课上交流讨论以及课后开放性任务的完成及反馈，极大地调动学生的学习主动性，引导学生学会自我发声、深入思考，使学生从灌输式教育中得以解脱，从被动性学习转向主动性参与。这使得学生的主体性意识得到提高，思想政治教育实效显著增强。

（三）高校思想政治教育课堂主渠道作用明显

习近平强调，“意识形态是一项极端重要的工作”。意识形态性作为至关重要的属性，与意识形态教育的内容共同寓于高校思想政治教育中，且其内容也包含了意识形态教育的内容。因此，高校要想通过思想政治教育筑牢学生思想意识防线，必须强化科学理论的导入，首要途径就是思想政治理论课。高校通过课堂，实现了对大学生政治理论知识的输入和思想的引导。

因此，高校思想政治理论课承担着教化大学生的思想意识、培养大学生健全思想的重任，这对高校全局建设有着重要意义。习近平认为，思想政治理论课是完成立德树人根本任务的关键，其作用无法替代。近年来，全国高校谨遵党和国家在高校思想政治教育方面提出的新政策和新要求，把思想政治课堂作为教育主渠道进行优化与发展，并将其看作高校一切工作推进的关键和学科建设的中心。高校谨遵立德树人的教育发展理念，并将此理念贯穿教育教学全过程，从学校、社会到家庭形成教育的强大合力，进而全方位、多角度地促进思想政治教育的顺利开展。同时，高校也不断地提高教学能力、建设高水平的师资队伍，使高校思想政治理论课能够极大地发挥其主渠道的作用，发挥高校思想政治教育的最大效用。

二、高校思想政治教育存在的问题

（一）高校思想政治教育教学未与时俱进

教育改革、教育创新一直是教育工作者的职责和使命。在我国经济发展新常态、中国特色社会主义进入新时代的今天，思想政治教学中的很多问题也逐渐显现。不只是时代与外部发展变革给思想政治教学带来了新的挑战，思想政治教学自身也存在一些矛盾。

1. 教育模式面临退化

习近平意识形态工作论述是在不断总结我国历代领导集体关于意识形态重要论述的基础上，结合我国实际国情与时代背景的新时代思想产物，充分体现了极具时代特色的创新性和与时俱进的特征。这样的时代性特征，于高校而言，应体现在教育模式的与时俱进上。一方面，习近平意识形态工作论述的网络论述表明网络已经成为意识形态斗争的重要战场。大学生作为时代先锋产品的追随者，必然会受到网络信息的干扰和迷惑。在这样的现实背景下，已有不少高校反映时代的要求，建立起网络思想政治教育平台，但仍有部分高校疏于网络思想政治教育平台的建设和发展，甚至有部分高校并未体会到网络教育的重要意义、没能真正触及该领域，依旧保持传统的课堂讲授教学模式，这使得教育模式无法吸引学生的注意力、激发学生对思想政治相关内容的学习兴趣。对此，高校应及时反映时代要求，改革其教学模式。另一方面，目前高校思想政治教育课程内容相对独立，思想政治教育模式还未健全，高校未能全方位地将思想政治教育的相关理论融入自身的教育教学过程当中。

2. 教育对象思想杂化

高校思想政治教育的顺利开展并达到期望的成效，还需要多方协同发力，其中最重要的就是教育者和受教育者双方的共同配合，其需要在双向互动中完成教学任务并达到教学目标，因而大学生自身的思想状态也是高校思想政治教育难收成效的重要原因之一。当前高校大学生的思想意识和政治态度存在一定的问题。

首先，大学生缺乏对思想政治科学理论的真实信仰。调查结果显示，大部分学生表示自己对高校思想政治课持积极主动的态度，但由于我国高校的教育体制，学生所表现出来的对思想政治教育“积极的学习态度”，多为应付考试或修学分。教学模式和教学方法的单一枯燥，造成了学生对思想政治教育相关科学理论有“不实用”的心理误区。

其次，大学生缺乏高层次的理想信念。随着改革开放的不断深入，社会的利益格局有了深刻变化，人们对于自身利益的追求更为迫切。这是特定历史条件下社会发展的必然结果。但值得注意的是，一些高校大学生囿于思辨能力和知识储备所限，受社会环境的驱使，更多地将自身利益局限于个人的物质利益方面，将自身的发展游离于国家和民族利益之外，抛弃了对高尚理想信念的追求。大学生实现职业理想的目的是获得更好的自身发展，这仅是低层次的自我理想，而并非关于社会主义事业的伟大追求。

最后，大学生价值观存在偏差。当前，部分大学生受西方思潮影响而产生的享乐主义、个人主义等负面思想以及在社会主义市场经济影响下而产生的功利主义、利己主义等思想，与我国所推崇的优良传统精神相违背。部分大学生受多元化价值观和思想的影响，出现了奢侈浪费、攀比心理重等问题，这些引发了很多校园问题。

3. 教育内容出现老化

习近平关于意识形态工作论述彰显了时代化的特质。对于高校而言，时代化是其思想政治教育的内在要求。高校向学生讲授马克思主义理论以及马克思主义中国化的内容，彰显了强烈的时代特征。然而，从教育实践来看，高校思想政治教育在内容上并未充分反映和回应时代要求。

尽管当前大多数的高校能够及时传达重大会议精神并及时更新思想政治教材内容，但仍然有部分高校忽视了这一工作，导致思想政治教育内容依然是陈旧的，没有体现出时代化的特点，学生缺乏对国家新政策及会议精神的正确认识。高校思想政治教育教师应具有较强的政治敏锐性和觉悟性，巧妙地将时事政治的内容穿插到思想政治教育课堂中，在引起学生学习兴趣与共鸣的同时，使思想政治教育能收到事半功倍的效果。

4. 教学主体发生变化

我国思想政治教学的主体现今正处于一个变革的过程之中，尊师重道是我国教育传统形式，从我国古代延续至今的传统观念决定了教师地位与学生地位的不平等性。在新时代教育和社会新要求的驱动下，我国教育逐步由以教师为主体向以学生为主体转变。教师如何开展教学，如何认识学生、对待学生……这些都要体现学生的主体性原则。学生不仅应该是学习的受体，还应该是能发挥主观能动性的主体。在思想政治教学积极倡导以学生为主体的大背景下，各学校积极开发新的教学模式以取代旧的教师主导的教学模式，如“翻转课堂”“微课”教学、“慕课”教学等都被积极地运用。这其中还存在一个“度”的问题。思想政治教学内容的特性、教学科目的特点、学生年龄的特点等决定了高校应该有针对性地进行改进式发展，而不应该盲目、仓促地开展新的教学模式。

5. 课堂教学具有生成性

思想政治教学不同于其他学科的教学，它有明确的核心理念，是对某些思想内容的强化和灌输。因而很多思想政治教学课堂经常会出现设计性过强、局限范围过窄的问题。21 世纪不可避免的经济全球化影响和改变了包括教育在内的人类生活的方方面面。人们越来越受到多元文化与知识的影响，故对于思想政治教学的生成性问题应该有一个更合理的态度。

6. 教学形式“以活动促动机”

教学内容的落实、教学任务的完成总需要通过一定形式的课堂或者其他教学方法来实现。近年来学校教育开始注重以学生为主体，课堂形式的重心开始向学生交流、谈论偏移。为激发学生的学习动机，学校开始用一些奖品、积分等激发学生的积极状态，期望以此来激励学生去认真学习知识、提高能力。其中活动式教学法作为一种比较新的教学方式受到了很多学校的推崇。但是活动式教学也需要注意“度”的问题。活动是激发学生兴趣、帮助学生独立动手完成任务的好方式，可是在课堂中滥用活动往往会使教育目的本末倒置，带来负面效果。如在政治课程中，新教材中插入了法治方面的内容。对于这一教学内容，开展课堂活动就需要使用一些具有新形式的情景剧与图片等。这显然不适合普及严肃、理性的法治知识。而且在高中阶段，学生的升学压力比较大，课程内容较为繁重，故不适合开展长时间、高频率的活动式教学。因此，在教学形式的转变中，用活动等新颖形式激发学生学习动机的问题还需要进一步探讨。

（二）高校思想政治教育的实效性不高

1. 思想政治理论课教材缺乏吸引力

（1）教材内容生动性不够

目前开设的五门思想政治理论基础课是当前高校开展思想政治教育的重要内容，是教学的前提和基础。然而，面对当前社会意识形态领域复杂的局势和社会经济飞速发展的差异变化，思想政治理论课教材的内容不能完全与时俱进，对当前社会复杂的局势反映不够，教师在教学中对学生依然只是从理论上一味地灌输，忽视学生上课的真实感受。同时，教材内容表述的生动性不够，缺乏鲜活具体的案例分析，教材编排不关注学生的接受能力，政治术语较多，语言文字比较生硬和刻板，大段式的理论堆砌，使学生理解教材内容比较困难，容易产生厌倦感，很难引起兴趣。这种情况放在对教材内容学习的考核上同样有问题，试卷设置生硬，与发展着的社会实际相脱离。这种结果导致思想政治理论课的教学与考核在一定程度上相互冲突，甚至毫无关联性。这些情况综合起来，就使得学生对平时的课堂学习不重视了。

（2）学生关切内容不足

思想政治理论课教材是高校思想政治教师进行课程教学的前提和基础，教材在内容建设上首先应明确教育的根本任务是什么，应坚持立德树人的中心不变，顺应当前社会的飞速发展和复杂变化的大环境要求，紧随时代发展步伐，开拓新思路，回答新问题，建立具有特色又符合时代要求的高校思想政治理论课教材体系。在今天，社会中的意识形态斗争依然激烈，国内外不怀好意的各种势力通过各种方式对人们进行意识形态方面的各种渗透。对于这种情况，高校在教材内容改革的设置上却没有进行很好的规划，不能与时俱进，忽视学生的实际需求和社会的客观现实。学生关注的社会实际问题没有得到正面应对和解决，课程内容更新不及时，学生在书本上看到、学到的内容与社会快速变化发展的现实情况不能吻合，长此以往，就会出现学生对教材内容信任度不高的尴尬局面。

2. 教学方法不灵活致使学生兴趣不足

（1）上课方式老旧

很多高校思想政治理论课教师年龄偏大，上课时还是习惯用过去传统的老一套方式方法，“一支粉笔一本书，单一理论满堂灌”。这样教学的结果就是令学生昏昏欲睡，你讲你的，我做我的，师生之间互不相关，学生对课堂讲授的内容反应平淡。

（2）不了解学生需要

在思想政治理论课教学过程中，教师只是从自己的角度去设计教学环节、开展教学活动，不关心学生的需求，不关注师生之间的互动，只是在课堂上一个人表演，不领会学生的感受，甚至只是抱着完成任务就行的心理。这样使得学生无所谓上课内容，对教学过程毫不关心，这样的局面当然不会有好的教学实效性结果。

（3）现代教学技术利用不足

当前高校课堂网络技术硬件基础建设发展很快，课堂教学技术基础条件也变得更加完善。可是在现实中，很多高校思想政治课教师在教学中却对其利用不足。许多教师在教学中使用PPT课件，但只是把陈旧的教学内容放到PPT上，并没有对其有任何适当的创新。即使利用微电影、微视频、微信、微博等媒体进行教学，也就是播放一部电影给学生看。这样做效果当然不会好，甚至还会适得其反。

3. 教师上课能动性不足导致学生满意度不高

（1）上课兴趣不高

相当一部分教师仍然只采用传统的教学方式，在课堂上罗列知识点，一味地单纯说教，毫无新意。不主动也无意识采用合适的教学方式引导学生主动发现和分析解决问题，这阻碍了学生创新思考能力的发展，使得学生的学习知行脱离，不能达到培养学生优秀品质的目的。个别高校甚至在教室里还没有配备必要的信息化教学设备，不能实现现代网络多媒体教学，这样的教学形式单调乏味，也不具备科学时代性，最终的结果就是学生因为课程单调老套而降低对高校思想政治理论课学习的兴趣，影响课堂教学实效性，进而使课程设定的基本教学目标不能够实现。

（2）学生课堂回应差

面对每一个具体的课堂教学活动，教师都应该积极主动地思考教学活动的指向性和目的性。首先，当前高校思想政治理论课内容针对性不强，不能很好地满足当前高校学生思想发展的需要，这使得课程内容对学生缺乏吸引力，不能产生高校公共基础课核心课程应该有的效果。同时，当前高校思想政治理论课教师中有相当一部分经常无视学生的现实需要和思想特点，不想也不愿意去对学生实际进行深入了解，也不去调查发现和了解研究社会现状，在课堂上盲目追求效果一致化，不及时解决学生面对的各种思想困惑，只知道单一死板地从事相关课程的教学工作，不会适当变通，这样的课堂教学效果很多时候是不好的。

（3）学生参与意愿低

通过调查发现，不少同学表示很少参与高校思想政治理论课的互动，这是因为首先教师本身缺乏进行教学互动的意愿，即使有一些互动，也往往枯燥无味，或者脱离学生实际，学生不愿意参加。教学中合理的互动可以活跃课堂学习氛围，激发学生兴趣，拉近师生之间的感情。但是，如果课程内容过于理论化，没有针对性，与学生需要相距较远，回应不了学生需要解决的困惑和问题，那么学生参与的兴趣度自然不会高。而这又是一个互为增减的问题，如果不去改变，长此以往，那么问题就会变得越来越坏，最后的教学效果也会越来越差。这样的结果会让相当一部分学生在课堂上做与教学无关的事情，包括看视频、玩游戏等。

4. 考核方式单一死板降低学生学习的能动性

高校思想政治理论课教学实效性不强的原因有很多，除了教材内容设置的滞后、教师教学观念的落后、课堂教学方式手段的单一不灵活外，还有一个重要的原因就是传统思想政治理论课程的考核方式呆板、老套，只是要求学生对理论知识死记硬背。考核评价的形式重记忆轻创新，这制约了学生综合能力的锻炼和提高。考核评价基本以笔试为主，很多时候期末考试一锤定音，而平时成绩只占较少分值，评价方式单一化、形式化，譬如平时成绩只占总评分的20%～30%，而这往往还只是通过平时上课出勤给分。总体说来，当前的考核方式还主要是关注知识点的记忆情况，考试时更多的还是让学生死记硬背，而对于学生综合素质的发展情况却没有给予必要的关心，学生思想政治素养和道德情操有没有得到提升教师并不清楚。但可以肯定的是，这样的考核方式使学生对思想政治理论课的学习兴趣降低了，甚至还会出现逆反心理。

（三）高校思想政治教育机制有待完善

健全且良好的机制是高校思想政治教育工作获得最佳成效的有效保障，可见健全的机制对于高校思想政治工作的重要意义。

1. 思想政治队伍考核机制不健全

高校思想政治教师是对大学生进行思想政治教育的主力军，因此高校应当完善对思想政治教师工作内容和教育成效的考核机制，如此才能使教师更好地开展教学工作和提升自身水平。目前，高校对于思想政治教师的考核重点依然是科研项目以及论文发表数量等学术方面的内容，而真正作为思想政治教师核心工作内容的育人成效考核以及自身思想素质、知识理论水平的考核却没有明确的制度规定。同时，高校协同育人机制不完善。当前高校思想政治教育队伍的主要力量来自思想政治教师以及辅导员教师，其并未做到全员育人，协同育人机制流于形式且未能得到真正落实。高校教育教学与思想政治教育的衔接度和配合度不高，无法突显高校思想政治教育在高校育人工作中的重要地位。

2. 思想政治教育网络化机制不健全

作为时代化背景下的新产物，网络以其便捷、迅速和高效的教育特点，成为思想政治教育的重要载体，不仅能够延长教学过程，而且还能增强教学影响。但高校在对其运用和监管时缺乏相关机制。

一方面，从调查结果来看，部分大学生对于学校是否建立网络思想政治教育平台并不了解，可见高校思想政治教育对网络的运用及管理情况并没有深入学生内心。网络思想政治教育平台形同虚设，而高校对其的运用和管理也流于形式，并没有充分发挥其促进教育发展的作用，学生对其的认可度和接受度相对较低。

另一方面，习近平意识形态工作论述中的网络论述强调了网络对意识形态工作和建设的重要性，所以高校思想政治教育更应该关注网络的正负影响，在利用好网络的同时，也要注重完善高校网络防御机制和舆情预警机制。目前高校对于校园网络的监管还没有形成成套、合理且科学的监管机制，因此其在这方面应加大建设力度。

3. 思想政治教育课程机制不完善

根据调查结果可知，90% 的大学生通过高校思想政治教育课程接受思想政治知识，由此可见，高校思想政治理论课发挥了极大的教育作用。但调查结果显示，部分高校对教材的更新和最新政策、最新会议精神的传达不是很及时，这就造成了思想政治教育内容以及会议精神内容传达的延迟。作为思想政治教育的“主渠道”，高校思想政治理论课应及时将马克思主义中国化的最新理论成果加入教材、贯穿于课堂中并使之扎根于学生心中。

（四）高校思想政治教育环境亟须净化

1. 社会环境

从社会方面来看，一方面，改革开放的深入以及经济全球化趋势的不可逆转，致使众多西方资本主义国家所谓的自由、民主思想涌入我国，干扰了我国的社会思潮，且部分民众受其影响，言语和行为都表现出“外国的月亮圆”的趋势。同时，改革开放的不断深入也造成了我国利益格局的变化。高校大学生的知识储备和思辨能力受到影响，受社会中西化思想的影响，对西方的政治、文化和社会环境等都充满了好奇和向往，表现出较为强烈的兴趣。另外，社会利益格局的变化也使得高校大学生的逐利性变得强烈。其在三观还未完全建立起来的阶段受到如此影响，使得自身对思想政治教育的内容产生怀疑，出现理想信念模糊的状态，这严重地妨碍了高校思想政治教育的顺利推进。另一方面，不良社会风气、道德失衡的现象给思想政治教育带来了不少麻烦。社会的不断进步和发展，使得人们的思想也随之有了潜移默化的改变，社会各方面因素的嬗变导致人们的思想问题也日益凸显，这给思想政治教育带来了巨大阻力。社会中诸如此类的不良思想和行为，与高校开展的思想政治教育形成了鲜明的对比，高校大学生的思想意识还处在成型阶段，这严重地影响了学生的认知，使学生对思想政治教育内容与现实情况产生矛盾心理，从而给高校思想政治教育工作的开展带来了诸多麻烦。

2. 校园环境

从校园方面来看，高校学生的学风以及学生工作的作风方面存在着影响思想政治教育的消极因素。近年来，大学生在学习中也表现出一定的功利心，如部分高校学生为了获得评奖、评优等而学术造假，这给高校的学风造成了极大的负面影响。此外学生干部工作作风也受功利主义、个人主义以及社会、家庭环境的影响，学生干部趾高气扬，缺乏服务意识，丢失了作为党员和学生代表的理想信念，影响了学生干部队伍的整体建设，从而间接影响了高校思想政治教育工作的开展。

3. 家庭环境

从家庭方面来看，一方面，学生家庭成员错误的政治站位和思想意识会直接冲击学生的思想，这对高校思想政治教育工作的顺利推进带来了极大的不便。家庭成员的政治站位和政治观念直接影响着大学生的思想意识和政治态度，这对高校思想政治教育而言无疑是巨大的挑战。另一方面，家庭成员的一些封建迷信行为，也会对大学生的思想产生影响。如家庭成员定期参加甚至举行一些封建迷信的非科学活动，极大地冲击着学生的思想，这对高校思想政治教育而言无疑是巨大的阻碍。

三、高校思想政治教育存在问题的原因

（一）内因

1. 传统工作机制的制约

国家高度重视高校思想政治教育工作中全面协同育人机制的构建与完善，这也为高校思想政治教育机制的创新发展提供了前进的动力与方向。新事物的发展必然会受到旧事物的阻挡。在新时代全媒体发展背景下，高校思想政治教育协同机制的构建之路并不是一帆风顺的，因为高校思想政治教育协同机制的构建过程受到了传统工作机制各个方面的制约与影响。

（1）传统思想政治教育工作者的理念落后

传统的高校思想政治教育工作者的理念，着重强调“社会本位”，教育工作者过多地从学校立场与观点出发去考虑问题，忽视了对教育对象主体性的思考，没有切实站在学生立场上考虑学生的真实需求。中国特色社会主义进入新时代，对高校思想政治教育做出了立德树人的新要求，而在全媒体时代具体的教学实践过程中，高校在人才培养上依然存在教育内容、方式与载体落后的现象，没有遵循学生的发展规律与特点、没有结合网络信息技术的发展趋势，没有突破“千校一面、万生一模”的传统模式。学校内部各部门之间也存在“以本部门为主”的错误观念，各部门之间缺乏互通交流，难以形成有效的合力。同时，传统思想政治教育工作理念落后，导致教育工作机制中出现了“线下教师”与“线上教师”联动性不强、相互协同性不够的问题。在全媒体时代，高校思想政治教育工作，面临着现实与网络两大教育场域，大学生既要参与“线下教师”的思想政治教育活动，又要受“线上教师”的影响，因此“线上教师”也成为“全员教育”中的重要一员，同时，“线下教师”所传授的知识与内容随时都要受“线上教师”的“监督与检验”，这增加了现实教学的难度。在新时代，高校思想政治教育的根本任务是立德树人，旨在加强大学生的理想信念与社会主义核心价值观的培养，增强大学生的政治素养、思想道德素养以及法治素养等。而在全媒体时代，伴随着网络信息技术的发展，全媒体传播的部分信息具有隐蔽性、虚拟性以及娱乐性的特点，这些信息的可靠性与真实性很难在短时间内得到证实，甚至有些无法考证。当现实教学过程中的“线下教师”与网络上的“教师”传递的信息不一致时，部分信息分辨能力较弱的大学生就会对“线下教师”产生怀疑。

（2）传统思想政治教育工作机制缺乏与家庭、社会的合力联动

构建高校思想政治教育的协同育人机制，需要做到全员、全过程以及全方位的有效协同。除了学校内部需要构建有效的合力机制以外，学校与家庭、学校与社会等也需要全方位参与构建有效合力。而在传统的思想政治教育工作机制中，高校与家庭以及社会的互动性是很少的，很少采取网络交流或者电话访问的形式进行沟通交流，这忽视了家庭对大学生思想政治教育的重要性。高校与社会的联动性主要体现在社会实践活动中，部分高校并不重视大学生的社会实践活动，甚至有些也只是形式，不注重高校大学生实践活动的内容与主题。同时对社会热点事件、新闻的追踪与了解也缺乏敏锐性，忽略了大学生的真正发展需求，不利于大学生集体意识与社会责任感的培养，不利于高校思想政治教育全员、全过程、全方位的协同发展。

2. 思想政治教育意识不强

（1）教育观念与教育现代化需求不匹配

理念是实践的行动指南，教育工作必然也离不开现代化教育理念的指导。大学生思想政治教育这项活动最具指导性的教育理念是立德树人，但实际教育过程中还存在对立德树人的理论内涵理解不透彻的情况，这导致教育观念传统难以满足教育现代化现实的需要。

①质量意识有待加强。在追求教育质量的背景下，教育主体在工作过程中必须先树立质量意识。在新时代，思想政治教育不能再像传统教育那样向学生进行全过程的灌输，而是应该进行“精耕细作”的教育。一些教育主体由于质量意识不强，依然进行“粗放式”的教育，削弱了教书育人、管理育人、服务育人之间的关系，导致多层次、全方位的思想政治教育工作没有发挥出理想的教育效果。另外传统教育理念认为教育质量的核心是智育，而如今思想政治教育质量观不再仅强调某一方面，而是强调大学生全方位的发展。

②创新理念不够深刻。每一时期大学生的成长背景、环境不尽相同，这使得不同时期大学生的思想特征有很大不同，因而创新教育理念成为应对变化的必然。第一，对全面发展理念的创新应用。全面发展是提升思想政治教育质量不可或缺的指导理念。当前，高校不仅要能够理解全面发展内容，而且还需要将体育、美育、劳育贯穿于教育的各个方面。第二，新时代党的教育方针政策是提升思想政治教育质量的现实依据。大学生思想政治教育教学理念要吸收最新教育方针的内涵。例如，针对新时代立德树人有关方针理念的学习，教育者不能只传递习近平的系列讲话，还要全面理解其核心要义和丰富内涵，并据此

建立新的教学体系，从而实现对教育对象的科学教育。

③时代观念仍需强化。社会存在决定社会意识，大学生思想政治教育在保证基础理论教育稳定性的同时，还需要与时俱进，增强对世情、国情、学情的时代思考。时代性是让大学生思想政治教育“活”起来的动力源泉。在现实的大学生思想政治教育中，一些教育者缺乏对马克思主义理论的时代反思，容易在课堂教育中进行抽象化、理论化的讲授，缺乏与生活实际的联系，这对大学生的发展来说是非常不利的。

（2）教育方法与大学生全面发展要求不相符

好的教育方法是成功的开始。教育者可以运用大学生喜闻乐见的教育方法，使教育结果达到事半功倍的效果，从而使教育质量得到提高。常用思想政治教育方法有讲授法、隐性教育方法等，这些教育方法虽然历史悠久，但是教育者可以赋予其新的内涵，使其在新的教育背景下获得新的发展。而传统教育方法，难以适应大学生全面发展的内在需要，主要表现如下。

①话语表达欠缺艺术性。话语表达是大学生思想政治教育者和受教育者之间进行交流沟通的桥梁纽带。对于教育者来说，话语表达能够反映其自身态度、情感和价值观。对于受教育者来说，不同话语表达影响其对教育活动所传递信息的接受程度以及通过话语表达描述自我需求的结果。

大学生思想政治教育自带具有政治属性的言语表达，这容易使教育表达带有说教与政治教化的色彩，进而窄化话语表达内容，隐藏话语表达本该有的功能与价值。时代发展是语言表达的风向标，不同时代语言表达习惯不同，当今时代大学生习惯用网络化语言表达。

思想政治教育质量的提升要求思想政治话语表达既要体现思想政治教育的理论性，又要紧贴大学生的思想实际，从生活、情感出发增添思想政治教育的生活气息与情感力量。在现实的思想政治教育过程中，教育者在话语表达的理论性与生活化的处理中未能找到一个好的平衡点，降低了思想政治教育的高度，隐匿了思想政治教育的哲理性，使大学生难以看到思想政治教育内在蕴含的价值。相反，过多理论性的话语表达，增加了大学生对教育内容的理解难度，弱化了大学生主动接受教育的意愿。

②隐性教育方法运用不足。思想政治教育应该像盐溶于水一样，人看不出盐，却能品尝出咸味。隐性教育方法的核心要义在于充分把握教育时机，注意教育分寸，注重思想政治教育的渗透性与隐藏性。

当前大学生思想政治教育对隐性教育方法运用不足的原因，主要有以下三点。第一，隐性思想政治教育的方法具有时间周期长、见效慢等缺点，因此，教育者在实际教育过程中选择隐性教育方法的频率较低。第二，当前大学生思想政治教育理论的学习与日常教育来自不同的教育队伍，这两方面的教育状态是分离的，不利于隐性教育方法的使用。第三，新媒体技术不断发展，加上网络传播性强、范围广等，想要在无声中占领网络思想阵地的难度较大，且需要一定网络技术支撑，这在无形中增加了运用隐性教育方法的难度。

③网络载体运用狭隘。随着网络应用范围的扩展，人们在选择思想政治教育载体时有了多种选择，但是在大学生思想政治教育现实中，人们对网络载体的运用存在范围狭窄的问题。第一，网络载体应用范围单一。网络载体现多应用于大学生思想政治教育宣传中，如微信公众号、网络直播等，人们对网络载体的综合利用率较低。第二，网络载体展示方式单一，如音频、视频等。网络载体在宣传效果上还有待进步。提升大学生思想政治教育质量理应适度扩大网络载体在教育中的使用范围，提高网络载体的使用频率。

（3）教育途径与时代发展要求不一致

途径是实现目标的必经之路。教育途径存在实践性不突出、情感投入不充足以及评价不够多元化等问题，呈现出与时代发展不相适应的状况。

①实践性不突出。实践是实现思想政治教育目标的有效途径之一，突出教育途径的实践性有利于科学开展思想政治教育工作。立德树人总目标的实现则是教育家通过一系列教育实践活动帮助大学生坚定理想信念，使其明确自我价值与社会价值，使其在追求自我发展的同时为社会发展贡献力量。

关于大学生思想政治教育的实践性，教育者在实际运用过程中，不仅要对教育对象的认知、情感、信仰等给予指导，而且还需要在大学生的实践活动中给予其充分指导，让大学生切实了解如何运用马克思主义理论观点指导自我生活，感受真理的力量。实践性能指导大学生实现全面发展，让大学生获得理论与实践双层面的价值感，从而发自内心地接受思想政治教育。大学生思想政治教育途径突出实践性，符合科学发展的要求。大学生的全面发展不是靠嘴上说说就能实现的，需要大学生脚踏实地地在实践中完成。思想政治教育突出实践性，能让大学生在实现自身价值的同时获得幸福感。

②情感投入不充足。大学生思想政治教育重视情感力量，追求人与人之间的情感交流与互动。思想政治教育活动的教育者与受教育者主要有言语交流、思想碰撞与情感共鸣等活动，其通过言语交流产生思想的碰撞，从而达到情感共鸣。大学生接受了教育者的情感，也就意味着接受了思想政治教育的洗礼。

现有研究显示，情感投入不足会削弱教育主体的感染力。教育主体在教育过程中的主要职责是传道、授业、解惑，而教育主体的感染力主要表现为理论传导魅力、答疑解惑魅力以及教育主体自身具备的人格魅力。教育主体的理论传导魅力取决于其对马克思理论的情感投入程度，其只有具备充足情感才能真正掌握马克思主义理论，才能站得高、讲得透，才能够用彻底的思想理论说服人。教育主体的答疑解惑魅力不仅体现在其对大学生在学习方面投入的情感，而且体现在其在学生成长过程中给予的情感投入。人格魅力与教育主体的学历、知识、性格、涵养等有关，是一种重要的隐性育人力量。在教育过程中，教育主体对大学生情感投入不足，会使自身教育综合魅力的发挥有局限性。第一，有些教育主体有理论传导魅力但是对理论传导的途径选择不恰当，这在一定程度上影响了理论传导魅力的发挥。第二，教育主体答疑解惑魅力的辐射范围较窄，在大学生不同的发展阶段，教育主体的解惑手段存在一刀切的情况，这一情况的根本原因在于其没有全面深入地了解大学生在成长成才过程中不同阶段的情感需求。第三，关于教育主体的人格魅力，教育主体需要主动对大学生投入更多的人文情感，关心、关爱、关切大学生的成长。

③评价不够多元化。多元化教育评价是科学检验思想政治教育成果的方法，也是提升大学生思想政治教育质量的重要途径。在追求质量的背景下，评价途径更加注重过程性和实际性，过程性是对整个教育过程以及保证质量的形成性评价，实际性注重将评价途径与教育对象的特征结合起来。

第一，教育评价需要考虑教育双方、影响教育过程因素以及各方面体制机制等综合变量要素，因此教育者对大学生的思想政治教育评价不能只关注某个方面，而应该注重全方位的评价。教育主体在实施多元化评价的过程中考虑多个变量要素，这增加了评价难度，导致多元评价不足。第二，大学生的思想政治教育评价倾向于终结性评价，侧重于对教育成果或者教育经验的总结，而忽视教育评价指导性功能，会导致多元化评价应用不足。

3. 大学生自身因素的复杂性

近年来，随着高校的扩招，在校大学生的数量不断增加，他们不断走进大学校园，其年轻化的思想观念、行为方式体现了个性化、复杂化的特点，这都给高校思想政治教育工作增加了难度，在一定程度上影响了高校思想政治教育的实效性。

第一，大学生群体的思想呈现复杂化的特征。在全球经济一体化的背景下，我国社会主义经济水平有了很大的提高，广大人民群众的物质生活水平也得到不断的提升。全球一体化不但促进了世界范围内经济领域的深度融合，而且在思想观念上，使得不同的价值观相互渗透、相互影响，这对青年大学生思想观念的形成产生了深远的影响。95后、00后的大学生思维活跃，具有强烈的主体意识。同时，他们尚未形成相对完整、正确的世界观、人生观和价值观，因此，极易受到社会环境的影响。

因此，西方价值观的渗透以及社会不良风气的影响，都会对大学生价值观的形成产生很大的影响。诚然，大学生的主流思想是积极向上的，但也有部分大学生存在拜金主义、享乐主义的思想，认为高校思想政治教育对自己成才成长的实际用处不大，这直接增加了高校思想政治教育工作开展的难度。此外，由于95后、00后的大学生大部分是独生子女，生长在相对优越的物质环境中，始终伴随着家人的殷切呵护，在成长过程中很少经历过曲折和磨难，所以当他们离开家庭这个温暖的环境，只身一人来到大学后，在独自生活、学习的过程中会面临一系列的问题，在这一过程中，他们的心理难免会有波动，思想认识也难免会有相应的变化，甚至不会出现心理问题，这也直接影响了高校思想政治教育工作的实效性。

第二，部分大学生对思想政治理论课的教学缺乏重视。教学既包含了教师的“教”，同样也包含了学生的“学”。因此，高校思想政治理论课教学的效果如何，不仅取决于教师的教学水平、教学方法，而且也取决于学生学习的程度与效果。只有学生真正将自己在思想政治理论课中学到的知识内化为自己的行为，高校思想政治理论课的教学效果才能真正得到体现。

（二）外因

1. 社会功利化倾向弱化了课程教学的实效性

国家实行改革开放并大力发展社会主义市场经济，使得人们的社会生活方式与过去相比有了很大的变化。在这种局势下，人们思想的个体性、多变性及差异性渐渐凸显出来，思想政治理论课教学对高校学生的社会共识和统一价值观的形成构建，就成了一个比过去更复杂的难题，这间接地增加了高校思想政治理论课教学的难度，弱化了课堂教学的实效性。

高校学生通过各种社会网络平台，逐渐对社会有了更多的认识。有的学生会夸大一些极端个别的现象，形成一些片面的看法，如认为有时候“苦干不一定成功，再努力也不如拆迁户”的错误观点。他们对读书的作用有过怀疑，新“读书无用论”又影响了一部分家长和学生，导致部分学生失去学习动力，甚至形成了扭曲的成功价值观。同时，社会越来越严峻的就业形势，使得有些已毕业的学生找不到满意的工作，使得一些在校学生心灰意冷，对学习的信念开始动摇，只剩下对学习及未来发展的迷茫与恐惧。这样的结果，会直接让高校学生认为学习思想政治理论课对自己的将来没有什么用处，进而不愿主动去学习，缺乏学习热情，从而降低了思想政治理论课教学的实效性。

2. 高校扩招导致生源素质及学生学习能动性降低

高校每年大量扩招的结果就是学生生源质量降低，学生学习自觉性和学习能力也有所下降。面对抽象的理论课，有些学生基础差，跟不上教师的节奏，这样时间一长，就会厌学。又因为过去在中学学习时主动性不强，所以这些学生在学习自觉性方面稍显不足。这已是目前高校尤其是高职高专学校普遍存在的难题。

高校扩招使得高校建设飞速发展。可是，相应的制度建设和制度管理却没有跟上，高校对学生的管理过于宽松，学生考试标准降低，学生很容易就可以及格，补考变得很正常，学生在学业方面无压力。学校管理宽松，学生纪律自觉性降低，使得学校整体学习氛围不足。

第二节　高校学生管理工作的现状

当下科学技术发展日新月异，也给学生管理工作提出了新的要求。一方面，随着大数据理念和技术的发展，部分传统管理模式下学生管理工作中存在的问题可能会在大数据的推动下得到解决；另一方面，数字设备与网络资源普及所带来的便捷和优势，可能使管理人员不满足于原有的管理模式，开始思考学生管理的优化问题。本节通过对调查结果的分析和整合，在充分考虑大数据特点与发展趋势的前提下，探析现有高校在学生管理过程中存在的问题以及可优化的方面。

一、管理内容缺乏创新

虽然有很多学生管理工作者能够运用微媒体开展工作，但是由于技术能力不强、时间精力有限、资金投入不足等，其在所运行的平台中展示的内容较为简单、枯燥无味，且更新的速度较慢，难以满足学生的实际需求，结果导致学生关注度不高。例如，各院系学生会组织虽然都创建了微博平台，但是其内容陈旧且更新较慢，学生关注人数较少，没有普及全系师生；微博中的部分板块缺乏设计性，比较单调，且其中发布的内容主要以大篇幅的文字为主，读者阅读起来耗时费劲，枯燥无味，难以吸引其注意力；有的微博自注册以后便很少有动态，更谈不上内容创新了；有的微博只是将学校网页上的新闻简单地复制粘贴，很少有新的内容，且缺少与学生的互动。另外，虽然辅导员、班主任等学生管理工作方面的教师采取加入学生微信群、QQ群等方式来对学生管理工作进行创新，有些任课教师也加入有关学生的微媒体平台中，但不论是学生管理工作人员还是任课教师，在群中的活跃度不高，发布的内容除了师生间简单的问候语之外，更多的只是一些文件通知、对学生疑惑的解答等，并没有达到促进学生管理工作更好地开展的目的。

二、管理方式比较松散

学校虽然意识到微媒体的重要作用，也在实践中不断改进工作方法，但是对微媒体的合理运用，仍然缺乏统一规划，管理方式也比较松散。例如，有些微信公众号发布的信息不精准，出现了主题模糊、内容杂乱无序、质量良莠不齐等问题；有的平台对学生反馈的信息收集、整理不及时，只起到了传播信息的作用，没有很好地达到交流、管理、服务的目的；还有一些平台是学生自发自愿创建的，缺乏组织性，且缺少统一的规划和管理，这使得学生管理工作者难以对其充分利用。而为了发挥微媒体在学生管理中的作用，学校需要投入大量的人力、物力、财力，对校园各类微媒体进行长期管理、维护，而这个过程难以在短时间内完成，这也是目前难以实现对其统一规划管理的重要原因。归根结底，管理方式松散主要是因为学校缺乏全方位的统筹规划，且所使用的微媒体不能构成一个相互补充、相互融合的体系。

三、管理平台定位不明确

随着微媒体的普及，学校、院系、学生组织等虽然渐渐有了自己的微博、微信平台，但是缺乏统一的学生管理工作平台，且这些平台在应用中由于定位不准确等并没有受到学生的广泛关注，因而在学生管理工作中的应用效果也不明显。其具体表现在以下几方面：第一，定位内容比较狭窄。有些平台呈现的内容仅仅侧重于学生管理工作的某一个方面，如以招生、就业为主题的官方微信公众号等，这些平台定位的受众群体只是学生中的少部分，难以发挥在全体学生中的影响力。第二，定位姿态比较高。有些平台较官方，其推送和发布的信息语境较官方，缺少与学生平等交流的姿态，难以发挥微媒体的互动性作用。第三，定位角色比较模糊。有些平台发布的内容只是信息的简单重复，其在自己平台内容的构建上缺少了清晰的定位，且对平台中的学生受众群体的需求把握不到位，难以发挥微媒体在学生管理工作中的作用。

四、管理队伍水平有待提升

目前，很少有院校会用微媒体开展学生管理工作，运用微媒体进行高校学生工作的管理队伍还未成型。有些学校主要依靠学工处、院团委、保卫处、后勤处、各院系学工办、辅导员、班主任和学生团体组织等成员来负责此项工作。而这些管理者对微媒体使用技术、现代传播理论以及信息网络技术等缺乏系统的认识，这在一定程度上限制了微媒体平台应有功能的充分发挥。例如，他们中有些不会使用微博、微信等微媒体，无法快速及时地了解学生的思想动态及关注的热点话题等，从而失去了学生管理工作的重要阵地；有的甚至对“微时代”抱有抵触心理，只关注微媒体给学生带来的消极影响，因而对微媒体的使用持有先入为主的偏见，不能适应“微时代”学生管理工作的特点；有的缺乏微媒体平台的管理和沟通技巧，这在一定程度上影响了学生管理工作开展的效果。随着“微时代”的不断发展，学生管理工作者应顺应时代发展的潮流，以积极的态度认识微媒体，同时还要通过学习相关知识不断提升使用微媒体技术的能力和素养，并且积极探索创新高校学生管理工作的新方法、新路径，从而把新时代背景下大学生的学生管理工作推向新的高度。

第三节　高校思想政治教育面临的新机遇与新挑战

一、高校思想政治教育面临的新机遇

新时代自媒体平台所具有的传播主体大众化、传播内容多样化、传播速度即时化等特点，使得大学生群体能够利用自媒体随时随地地浏览信息、获取知识、加强与同学朋友之间的联系，并且可以在自媒体平台上充分表达自己的态度和想法。思想政治教育工作者在自媒体背景下进行大学生思想政治教育要借助自媒体的传播优势，积极创新思想政治教育的方式方法，拓宽大学生思想政治教育的渠道。

（一）师生间的思想交流进一步加强

首先，自媒体的互动性、开放性等特征给教育者和受教育者搭建了新的交

流平台。在调查中发现，42.14% 的大学生更喜欢通过自媒体平台与教师进行交流互动。教育者分享和转发自媒体平台上充满正能量的信息，通过微信、微博等自媒体平台将其传递给受教育者。教育者传递正能量信息可以更好地引导大学生在学习、生活中养成正确的思维习惯，坚持正确的价值取向，所以自媒体平台是新时代教育者与受教育者沟通的重要桥梁。

其次，相关调查研究显示，一半以上的大学生认为教育者通过自媒体进行思想政治教育对学生的思想品德的发展有着积极的作用。通过自媒体，教育者可以与大学生保持良好的互动，时刻关注他们的思想动态，关心他们的日常生活，从而发现大学生在日常学习、生活中存在的问题，从而通过自媒体平台及时对大学生错误的思想观念进行引导。同时，教育者在自媒体平台上所表现出来的前进的、积极向上的生活态度和言行也可以引导大学生改变落后、消极的生活态度和思想状态。

最后，在网络时代，每个人都可以成为信息的发布者和接收者，受教育者获取信息不再仅仅依赖教育者，其信息的获取方式更具自主性和选择性。这样的情况使得教育者与受教育者之间实现了平等。自媒体平台的多种表现形式可以将受教育者不同的观点和价值取向表达出来，使教育者在与受教育者积极互动和平等交流中实现思想政治教育的目标，从而引导大学生树立正确的价值取向。

（二）提供新的信息交流平台

自媒体技术为高校思想政治教育工作者提供了全新的平台。传统的高校思想政治教育形式比较单一，这使得思想政治教育活动的开展在时间和空间上会受到一定的限制。自媒体时代信息的发布和传递更加自由，以互联网为主的信息交流方式比传统的面对面的方式更加受到大学生的欢迎，信息之间的传递时空范围被扩大，自媒体出现在人们的现实生活、学习和工作中。自媒体技术使大学生获取信息的渠道不再受限制，信息的接收与运用更加方便，方法变得多种多样，微信、微博等都是接收各种信息的自媒体平台。通过这些平台，大学生可以开阔眼界，接触到更多新鲜的事物，从而提高自身的主动参与性和积极性。自媒体平台的不断发展与更新，提高了大学生探索新事物的兴趣。同时，自媒体信息平台匿名性的特征为师生提供了平等交流的机会，能够帮助师生建立良好的关系。大学生可以通过自媒体平台获取信息，分享关注的内容与思想动态等，这有利于思想政治教育工作者把握大学生思想政治教育的方向，对提高思想政治教育的有效性具有重要意义。

（三）拓宽获取信息资源的渠道

大学生可以随时随地地通过自媒体了解和掌握自己需要的信息。自媒体平台承载了大量的信息资源，随着微信公众号、微博等网络自媒体的建设，自媒体平台对信息的发布更加迅速。与此同时，大学生的交往方式也在自媒体平台的发展中有了新的改变。在自媒体时代，受教育者和教育者既是实在主体也是虚拟主体，接触信息的机会是相同的，教育者可以通过自媒体获取更多的信息和资源，学生所接触的信息也在与日俱增，他们通过自媒体开阔眼界，完善学习体系。传统媒体获取的思想政治教育内容有限、单一，而自媒体平台弥补了传统媒体的缺点。大学生通过自媒体平台可以观看其他高校的精品公开课，这拓展了大学生获取信息的渠道，大学生也可以在自媒体平台上分享个人的观点和看法，提高自己的社会参与度，从而提高思想政治教育的实效性。

（四）改进思想政治教育方式

传统的思想政治教育容易忽略学生的个体性，不能充分调动他们的积极性，另外，还会受到各种条件的限制，教学效果也会打折扣。自媒体技术的前沿性和科技性给高校思想政治教育课程带来了全新的体验和教学效果，而自媒体技术的大众性、交互性、个性化的形式特点，也改变了信息的传播与分享方式，在一定程度上调动了学生的主动性。自媒体技术的不断创新引起了学生的关注，使学生对学习的兴趣增加，从而提升了其学习水平。在目前形势下，自媒体已经影响了生活的各个方面，这种由教育者和受教育者自身发出的感染力将会增加大学生思想政治教育的辐射力和吸引力，丰富高校思想政治教育内容和形式。在自媒体时代下，学校、家庭、社会之间的联系日渐紧密起来，三者之间产生的合力加强了思想政治教育的协同作用。

自媒体平台营造了一种轻松的氛围，让大学生可以自由发表言论，充分发挥主动性，选择感兴趣的内容来阅读。因此，思想政治教育工作者要充分利用自媒体平台，了解大学生的关注热点，进行虚拟的线上交流，从而缓解面对面交流的尴尬。教育者也可以根据实际情况随时调整教育形式。在自媒体时代，思想政治教育工作者可以及时掌握学生的真实想法，对其做出合理的应对与引导。自媒体将现实生活与虚拟世界连接起来，同时也改变了以往的教学模式。自媒体具有虚拟性和匿名性，个人信息在自媒体平台中可以被隐藏起来，在这个过程中，大家可以畅所欲言、发表意见，交流的双方地位是平等的，不用考虑太多的约束条件。自媒体搭建了一个沟通的桥梁，使大学生与教师离得越来越近。大学生在自媒体平台上可以匿名或公开地不受时间限制地去分享自己的感悟、经历、困惑以及在生活、学习中遇到的各种困难。思想政治教育工作者可以通过自媒体及时跟踪关注大学生的动态，从而有利于因材施教。

二、高校思想政治教育面临的新挑战

随着科技的发展，自媒体在大学生学习、生活中日益普及，平台上良莠不齐的信息冲击着大学生的价值取向，改变着大学生的生活习惯。作为一种信息传播载体，自媒体的出现成了网络发展的一个新的里程碑。它是一把双刃剑，不仅给大学生的日常思想政治教育发展带来了机遇，而且也给其带来了严峻的挑战。一方面其增加了高校的管理难度，影响了高校对大学生的思想政治教育的效果，另一方面，平台上的不良信息容易给大学生带来困扰，进而误导大学生的价值观念，对大学生的行为习惯产生不良影响。如何顺应新时代自媒体的发展趋势，发挥其对大学生思想政治教育的引导作用，减少其对大学生思想政治教育的消极影响，需要教育者对其更深入地进行研究。

（一）增加了思想政治教育工作者引导学生的难度

1. 思想政治教育工作者的权威地位受到挑战

在传统的思想政治教育模式中，教育者一直处于主导地位，在知识储备、人生阅历及经验沉淀方面具有更多的话语权，这使得教育者深受大学生的尊重，处于优势的地位，也有利于各项工作的开展。但是随着自媒体的出现，自媒体平台上信息的开放性、共享性等使教育者与受教育者能在很短的时间内获取信息，这时教育者对信息的获取不再占据优势。相关调查研究发现，自媒体时代的大学生更倾向于利用自媒体进行学习，采用这种方式的大学生的比例高达 46.43%，而选择向教师请教的只占 9.64%。从这里可以看出，大学生的学习方式更倾向于使用自媒体平台，在自媒体平台上接受教育的人可以更加主动地获取信息，在这种情况下，教育者不再是大学生获取知识和信息的主要渠道，受教育者可以选择不同的自媒体平台获取信息。这使得在教育过程中占主导地位的教育者的权威受到挑战，削弱了教育者的影响力和号召力。

2. 对大学生的价值观引导难度加大

首先，自媒体作为一种新的教育载体，对大学生的价值判断、思想观念以及生活习惯的形成和发展都有着潜移默化的影响，一些立场不坚定、认知和鉴别能力不强的学生很容易受到自媒体的侵蚀。在调查中发现，41.07% 的学生认为微信、微博等自媒体平台传播的信息比较可信，不太相信和认为有待考证的学生占比分别为3.93%、11.43%。当代大学生独特的认知方式，以及其对自媒体的熟练使用和过度依赖使得他们在对个人需要的满足、个性的彰显和其他多样需求的实现上，不再那么依赖教育者。在个人诉求的实现上，更多的大学生会选择相信自媒体。所以，如何引领大学生正确选择信息、抵制不良诱惑成为教育者面临的难题。

其次，大量的资源以及多元化的信息逐渐淡化了大学生思想政治教育的内容。一方面，自媒体平台上海量的和碎片化的信息所具有的“眼球效应”以及自媒体传播的即时性，使得大量的碎片化信息即刻呈现在大学生的面前，深深地吸引了大学生的注意力，使大学生深陷其中。同时，一些大众化、具有趣味性的信息，容易被大学生接受，这使得大学生已经接受的思想政治教育在自媒体信息的冲击下被稀释和淡化，从而达不到预期的教育效果。另一方面，由于自媒体信息的开放性，大学生可以自己在自媒体平台上获取自己想要的信息，这使得大学生学习的自主性增强。大学生的自主性增强意味着自我决定性的增强，其对所接受的教育内容会有自己的反思和见解，在追求价值取向方面会更加尊重自己的意见。

最后，在自媒体的使用中，每个人都可以接收包含不同思想的信息，会把自己的想法反馈到自媒体中，导致教育者与受教育者之间难以达成真正的共识，这就在无形当中增加了教育者对大学生思想政治教育的掌控难度。

（二）给大学生的价值观念和行为习惯带来冲击

1. 自媒体改变了大学生的学习方式

第一，一些大学生对自媒体过度依赖，每天在自媒体平台上花费大量的时间，被自媒体平台上各种各样的内容所吸引甚至沉迷其中无法自拔。自媒体平台虽然给大学生呈现了一个精彩自由的天地，但由于自媒体平台上的内容太零散，很多信息并没有深刻的内涵与意义，大学生很多时候只是用其来打发时间，并没有真正用心去辨别和阅读文字内容，只是单纯地接收信息而没有将有用的信息转化为自己的东西。在调查中发现，46.43% 的大学生表示更喜欢通过自媒体平台获取信息的学习方式。在自媒体平台零散的信息的轰炸下，大学生会变得越来越“懒”。他们常常会面对问题没有自己的思考和见解，总是一味地通过百度、知乎、贴吧等自媒体平台寻找答案，甚至还会形成一种依赖性思维，对自媒体平台上的信息完全照搬。

第二，对于大学生而言，他们更倾向于阅读主题醒目、内容简短、娱乐性比较强的信息，这给大学生思想政治教育提出了严峻的挑战。自媒体平台上的信息过于碎片化且缺乏系统和逻辑，大学生过多接触这类信息容易削弱他们的思维逻辑性，并且很难在良莠不齐的信息中汲取营养。同时，在自媒体时代，大学生慢慢迷上了“短篇”类的阅读，这样的阅读大学生不需要思考，也可以称为“浅阅读”。这样的阅读不仅浪费读者时间，使读者在读完后很快遗忘，而且很难使读者形成系统化的知识。

2. 自媒体的不良信息导致大学生对价值选择产生困惑

自媒体传播的开放性和阅读主体的大众化，使自媒体平台充斥着大量良莠不齐的信息，而一些大学生对这些新鲜、刺激的信息缺乏相应的辨别能力，很容易被误导，甚至还会出现价值取向偏差。自媒体信息的传播速度极快，在面对这些良莠不齐的信息时，大学生缺乏足够的判断能力，所以更容易受到这些信息的干扰。有关调查显示，在“是否能辨别自媒体平台上信息的真伪”这个问题上，65.36% 的学生认为自己基本可以辨别，11.43% 的学生认为自己不会辨别。从这里可以看出，大部分学生比较理性，有自己的辨别能力，但是这些信息也给他们造成了一些负面影响。面对这些情况，教育者就需要进行引导，这也是自媒体时代给思想政治教育工作者提出的新挑战。

目前我国的经济发展快速，人们在享受物质生活的同时容易忽略精神世界的需求。一些人为了追求名气，毫无底线地炒作低俗、媚俗的信息，鼓吹拜金主义、享乐主义。而大学生每天接触自媒体信息的时间较长，这些多元化的自媒体信息会潜移默化地影响着大学生的思想观念，使其容易生成错误的价值取向，出现价值选择的困惑。

3. 自媒体给大学生主流意识形态教育带来冲击

我国的主流意识形态对大学生思想政治教育起着根本性的指导作用。然而，随着信息技术和自媒体的发展，大学生的思想观念渐趋多元化，高校的主流意识形态教育逐渐被削弱。在“大学生对于使用自媒体的动机”的调查研究中发现，为了“与他人保持联系”的占比为 57.14%，为了“消磨时间”的占比为 44.29%。大部分大学生主要关注的信息是与娱乐消遣有关的。自媒体信息的趣味性、碎片性以及“浅阅读”方式等，对高校的主流意识形态教育有一定的影响。

在自媒体背景下，大学生主流意识形态面临着西方价值观念与体系的影响，并且随着政治多极化和信息多样化的日趋发展，错误的意识形态潜移默化地影响着一些大学生的学习生活，一些虚假的、片面的信息肆意传播。大学生由于缺乏系统全面的知识体系，不能看出这些信息的实质，所以在一定程度上会受到影响。

（三）教育环境复杂化

1. 自媒体信息的掌控与引导难度增加

所谓思想政治教育环境，就是指思想政治教育所面对的环绕在教育对象周围并对其产生影响的客观现实。环境对思想政治教育传播的效果有着重要影响。大学生思想政治教育的环境也直接影响着教育的效果。自媒体作为一种教育载体，其开放性、交互性等特点增加了高校对信息资源的掌控难度，使得教育过程受到不良信息的干扰，这在一定程度上对大学生日常思想政治教育起到了弱化作用。

第一，每个人都可以相对自由地在自媒体平台上发表信息。这些信息中掺杂着不少负面的内容，会使读者的主观判断受到影响。同时，大量的信息汇集到自媒体平台上，进一步影响着大学生的现实生活，这增加了高校对自媒体信息的掌控难度。第二，在自媒体时代，更多的信息在网上呈现出来，大学生可以通过自媒体平台发表自己的观点，而且其也有充足的时间，可以随时通过手机浏览自媒体平台上的信息，随时了解第一时间发生的事情。而这些信息并没有经过高校思想政治教育工作者的审核就传播给大学生，会在无形中给高校掌控自媒体信息增加了难度。第三，高校没有专门的网络舆论管理团队，大学生随时随地都可以获取信息。大学生得到的信息没有得到处理和筛选，高校思想政治教育工作者很难对网络舆论进行及时控制，引导大学生树立正确的价值取向，影响了良好的校园环境和积极的校园文化。高校思想政治教育工作者要充分重视自媒体对大学生思想政治教育的影响，积极创造适合思想政治教育发展的良好环境。

2. 信息传播的裂变性使教育环境更复杂

在自媒体时代，自媒体平台的开放性、信息的即时性以及很强的交互性使得大学生获取信息越来越便利，当无法控制有效信息的来源时，大学生对所接收的信息就难以把控。一些落后、消极的思想文化给大学生带来了冲击，并且通过一传十、十传百的裂变方式进行快速传播，传播的裂变性使得大学生思想政治教育的环境越来越复杂。

绝大部分大学生在自媒体平台上获取信息时能有效地甄别信息的真伪，并且能将这些信息变成自己的思想观点，但大学生在自媒体平台上的学习行为也存在着一些值得关注的问题。例如，其在自媒体平台上学习往往具有随意性，缺乏目的性，对信息不认真辨别，且很少进行深度学习。其中就有不少学生表示曾收到过自媒体平台上的诈骗消息，甚至收到一些错误的价值观念的影响，限制了自身的思考。总而言之，自媒体使大学生的思想政治教育环境越来越复杂，教育者开展工作的难度也越来越大。

在自媒体时代，自媒体所具有的交互性、即时性等特征，赋予了媒介素养更加明显的时代性。大学生能够很快融入自媒体时代，但是他们的媒介素养状况并不乐观，普遍存在着对媒介的批判能力较弱、对媒介的使用不够深入以及网络安全意识淡薄等问题。

第四节　高校学生管理工作面临的新机遇与新挑战

在传统的管理模式下，高校对学生的管理往往依赖多年来形成的规章制度和管理工作人员的个人经验、能力。“微时代”的到来给学生管理工作带来了机遇和挑战，传统的经验主义管理模式也已然不能满足高校学生发展的需求，管理者应利用微时代带来的机遇，借助微媒体平台接近、了解、引导学生，并为学生提供民主、平等、和谐的环境，践行“以生为本”的管理理念。

一、高校学生管理工作面临的新机遇

（一）丰富了学生管理工作者的方法和手段

在微时代的背景下，很多高校的校园网络已基本或正在努力实现教学区和生活区的全覆盖。许多高校学生管理工作者从工作实际出发，尝试建立了班级、院系、院校等不同层次的微博、微信、QQ 群等微媒体平台，并把它们作为开展思想教育、学习教育和日常管理等工作的新阵地，旨在创新工作方法和手段，实现高校学生管理的信息化、网络化，增强其在学生中间的影响力和辐射力。如通过微博、微信等平台发布各种资讯：校园新闻、专业特色、人才培养、招生就业、师生风采、评先评优、助学贷款、学费缴纳、重要通知等，这使得微媒体平台成为校园内学生与学生、学生与教师、学生与学校沟通和交流的一个重要渠道。

（二）增强了学生管理工作的改革动力

随着微信、微博等微媒体的不断发展，其以内容五花八门，信息传播速度极快、范围极广的特点以排山倒海之势扩展到学生中间，这给学生的价值理念、行为方式等各方面都带来了巨大的影响，也给高校学生的管理工作带来了巨大冲击。高校应顺应新的时代要求，充分利用微媒体平台，改变传统的管理渠道，

将管理思想、管理理念、管理内容通过微媒体在学生管理工作中进行实践，从而改变长期以来学生管理工作中只有“看得见的管理载体”才能实现有效管理的错误认知。在“微时代”的背景下，管理者运用微博、微信等微媒体参与学生的管理工作，与传统媒体相比有独特优势。一是微媒体突破了传统媒体的单向性，向多维度、多侧面转变。二是微媒体信息资源丰富、形式多元化、互动性强，这些优势可用于创新学生管理工作模式，丰富其方式和内容。在“微时代”的背景下，高校学生管理工作受到学生、家长、社会等多方面的关注，所以其不得不进行改革以适应微时代的发展脚步。

（三）激发了学生主体参与管理的积极性

微博、微信等微媒体为学生展示个性、表达自我、了解社会、参与实践提供了很好的平台，也使学生更注重个人权利，更讲究民主。微博、微信等微媒体也给学生加入校园文化建设、实行自我管理提供了更为宽广的舞台。随着“微时代”的快速发展，其开放、平等、民主的环境，激发了大学生参与管理的积极性。如今在微博、微信等平台中，到处可见大学生参与实践、参与社会，尤其是参与管理的身影。例如，学生常常通过微博或微信来表达希望享受更多的教育、管理、服务的权利的愿望，包括平等接受教育的权利、参与学校管理的权利、获得正确评价的权利、享受良好教育和生活环境的权利等，并对学校在教育、管理、服务的过程中的不满之处提出许多意见和建议。因此，校园微媒体平台的建设是加强和保障大学生主体地位，并使之参与校园文化建设、学生自我管理、学校重要决策的重要途径。

二、高校学生管理工作面临的新挑战

（一）学生工作管理理念需要更新

传统的学生管理仍然以高校制定的管理措施为标杆，高校制定的学生管理工作制度很少征求学生意见，即使有，对学生的建议也很少进行整理、反馈、修正。且管理者往往会站在校方角度去看待和处理学生问题，很少把学生摆在主体的位置上，从学生的实际出发。所以，以学生为本的管理理念难以被贯彻落实。随着“微时代”的来临，一些高校管理者已开始用如微博、微信、QQ群等微媒体开展学生工作，但是他们往往只是在形式上稍微有所变化，在工作理念上并没有很大的改变。如今，微媒体已成为大学生交流、互动、学习和生活的主要方式，高校如果不更新管理理念，树立师生平等意识，重视学生的主体性地位，那么极其容易导致“穿新鞋，走老路”的现象发生。

（二）学生工作管理方式需要多样化

传统管理模式以“上至下派”为主，微博、微信等微媒体传播方式具有快捷、多元、开放的特点，这给传统高校学生管理方式带来了新的挑战。第一，传统的学生管理一般是垂直、单一的自上而下的方式，而微媒体广泛存在于学生的学习、生活、交友、购物等领域中；第二，传统高校学生管理自上而下的方式缓慢耗时，而微媒体可以从多维度、多视角、多时空进行信息的传播；第三，传统学生管理中的学生的主动性较差、被动性明显，而微媒体传播具有较强的交互性功能，这些都为高校学生管理工作方式的创新创造了条件。微媒体潮流下的在校学生对制度化、民主化、服务型的学生管理模式的需求日益增强，学生管理工作者应逐渐转变思想，更新观念，创新多样化的管理模式，为在校学生的全面发展创建一个广阔的平台和空间。

（三）学生工作管理内容更加复杂

加强对学生的舆情引导是学生管理工作的重要内容，而舆情引导又是一项非常复杂的工程。信息传播出去之后，就会被迅速地关注、转发，并在很短的时间内形成舆论，这极易在学生群体中间产生广泛影响，甚至成为引发校园安全事件的导火索。目前，在微博、微信、QQ 群等媒体平台上产生的主要校园舆情言论有以下几个类型：参与国内外重大社会热点问题的言论，关于学校办学形象及声誉的言论，对学校的教学教改、管理服务、基础设施建设等相关工作的意见建议及其他学生权益类的言论，突发校园公共安全事件等。“微时代”以迅猛之势到来，面对复杂的局面，高校还应建立健全关于使用微媒体的监督管理机制，积极引导校园舆论，为学校的健康、和谐、有序发展提供更好的保障。

（四）学生工作管理队伍建设需要加强

“微时代”的到来给高校学生管理工作者带来了诸多便利，微媒体也已然成为高校学生管理工作的新领域、新阵地。但微媒体技术存在一定的复杂性，这对管理者的素质和能力提出了更高的要求。在目前情况下，学生管理工作队伍对微媒体的技术能力和使用素养却良莠不齐，需要进一步加强。在校园中，无论是使用数量还是使用微媒体的能力，一般情况下，学生都比学生管理工作者要好一些。且微媒体技术更新升级的速度较快，这无形中加大了高校学生管理工作者的工作难度。例如，当微博在学生中盛行时，许多管理者才意识到可以利用微博，当管理者已熟悉并可以利用微博进行学生管理时，学生已经开始使用微信等新微媒体。而且，学生管理工作者对微博、微信等新兴微媒体的了解程度也参差不齐。例如，有的较年长的管理者完全不了解微博、微信等微媒体信息的传播方式，遇到临时突发情况时，常常无法快速及时了解事件发展动态，从而错过了采取正确应对措施的时机；有的年轻的管理者缺乏有效管理的经验及与学生沟通互动的技巧，且发布的信息也缺乏吸引力，难以激发学生参与的积极性。

“微时代”为高校学生管理工作带来了机遇，为及时有效地解决高校学生管理工作中的突发问题创造了新的条件，丰富了学生管理工作者的方法和手段，激发了学生主体参与管理的积极性，增强了学生管理工作的改革动力；同时，“微时代”的到来也给高校学生管理工作带来了巨大的压力，特别是在管理理念、管理方式、管理内容、管理队伍等方面有了新的挑战。总的来说，高校学生管理工作应该充分发挥“微时代”的积极作用，推进微媒体与高校学生管理工作的有机结合，为高校学生管理工作实现科学化、信息化、现代化创造条件。

第四章　高校思想政治教育与学生管理工作中的辅导员话语能力

话语是高校辅导员进行思想政治教育最重要的手段与工具。高校辅导员的话语能力表面上反映的是其语言表达能力和做工作的能力，实际上反映的是其人生阅历、辩证思维能力和分析解决问题的能力。本章分为高校辅导员话语权困境、高校辅导员话语能力提升路径两部分。主要内容包括高校辅导员话语权的构成要素、高校辅导员话语权的实现过程、高校辅导员话语权的优化要求、高校辅导员话语能力的提升路径等方面。

第一节　高校辅导员话语权困境

一、高校辅导员话语权的构成要素

高校辅导员话语权构成要素的分析既要遵从话语权的学理内涵，又要结合辅导员话语权的实际需要。高校辅导员在思想政治教育过程中使用的话语内容、话语方法、话语能力等内蕴于高校辅导员话语权的构成要素之中。

（一）高校辅导员的话语权利

话语权利是法律赋予人的，是人人平等的权利，高校辅导员也不例外。高校辅导员的话语权利蕴藏于相关制度、理论知识之中。《中华人民共和国宪法》保障了高校辅导员“说话”的权利，《中华人民共和国教育法》《中华人民共和国教师法》以及《普通高等学校辅导员队伍建设规定》等国家的一系列法律、政策以及制度为高校辅导员思想政治教育话语增添了底气以及力度，指明了辅导员“说什么”的权利范围。

思想政治教育的符号性决定了思想政治教育的话语内容是思想政治教育实效性的关键，也是辅导员行驶话语权的重要内容。关于辅导员思想政治教育的话语内容，有学者从思想话语、政治话语、教育话语三个维度进行分析，有学者从意识形态话语、学科理论话语、教育理论话语以及个人生活话语进行分析，还有学者部分涉及辅导员职业话语、制度性话语、个人话语等方面。

上述学者的分析从学理的角度对辅导员思想政治教育话语内容进行了概括和总结，依据辅导员职业能力标准以及思想政治教育教育者与教育对象之间话语输出与接受的内容，将辅导员思想政治教育话语内容概括为价值引领类话语、生活情感类话语、学业发展类话语以及个人成长类话语。其中价值引领类话语包括思想政治教育话语、党团和班级建设话语、网络思想政治教育话语三方面内容；生活情感类话语包括日常事务管理话语、心理健康与咨询话语以及危机事件应对话语；学业发展类话语包括学业指导话语和职业规划与就业指导话语；个人成长类话语包括理论和实践研究话语。

在移动互联网背景下，高校辅导员思想政治教育话语内容也随着移动互联网对大学生影响的不断深入而发生着量变。

在移动互联网背景下，辅导员价值引领类话语内容中的思想政治教育话语呈现出多样性。辅导员在帮助大学生处理生活、择业、交友、学习等一系列具体问题时，要不断更新移动互联网背景下大学生不同的思想困惑、情感选择以及生活方式等话语内容，在宣扬主旋律的同时，也要包容移动互联网发展的多样性，不断更新思想政治教育话语内容。党团和班级建设话语呈现出灵活性。辅导员在进行学生骨干、积极分子、党员及党支部、班团组织的培养和建设时，可以借助移动互联网的作用。移动互联网可以为党团和班级建设提供具有机动性的话语施展空间。网络思想政治教育话语呈现出随时性。移动互联网的出现使辅导员可以随时随地地获取网络信息，发表个人见解，不再受 PC 端的限制，从而扩宽了网络思想政治教育的时空界限。

在移动互联网背景下，辅导员生活情感类话语内容中的日常事务管理话语呈现出便捷性。大学生日常事务管理的内容繁杂琐碎，移动互联网的出现，使得辅导员可以随时随地地获取相关信息、处理相关业务，为工作的顺利开展提供了极大的便捷性。心理健康与咨询话语呈现出隐私性。学生越发个性化的心理困惑和情绪使得部分学生不愿意甚至不希望主动向辅导员表达自己的负面情绪，这在某种程度上给辅导员开展心理健康教育和咨询活动增加了一定的难度，但移动互联网的出现使得辅导员可以通过手机随时与心理有困惑的学生交谈，这避开了面对面沟通信息暴露的风险，从而为学生的心理咨询提供了相对隐秘的空间。危机事件应对话语呈现出及时性。移动互联网的普及为辅导员提供了多样的信息交流工具，在危机事件发生时，辅导员可以通过移动互联网及时向上级汇报情况，同学生及主要学生干部保持密切联系，从而为危机事件的及时解决提供了便利。

在移动互联网背景下，辅导员学业发展类话语内容中学业指导话语呈现出针对性。在移动互联网背景下，信息的普及更加迅速，通过各类微信公众号，学生可以获取关于本专业及自身感兴趣的相关学科的学习资源，从而帮助自身实现个人发展目标。职业规划与就业指导话语呈现出独特性。学生的个性特征、能力水平不尽相同，移动互联网在丰富辅导员眼界的同时也扩大着学生的信息获取范围，这给辅导员职业规划与就业指导话语内容提出了更高要求。

在移动互联网背景下，辅导员个人成长类话语内容中理论和实践研究话语呈现出全面性。在进行理论和实践研究时，多数辅导员会用以文本话语为主的书籍材料、以互联网为主的数字材料等进行研究。移动互联网的出现，极大地丰富了辅导员研究话语的获取渠道，使辅导员的话语研究更为全面。

但需要注意的是，在移动互联网背景下，高校辅导员的话语内容并不是静态的，而是动态的。辅导员的话语内容在保持底色的基础上，会随着时代发展而不断更新、扩展。

权利与义务不可分割，享有权利的同时也必须履行相应的义务。高校辅导员作为开展大学生思想政治教育的骨干力量，是高校学生日常思想政治教育和管理工作的组织者、实施者和指导者。作为主阵地中的基层指挥员，其一旦放弃了话语权利,就会引发严重的后果。从学生角度来看,其会导致学生学风恶化、思想混乱、矛盾频发，甚至还会引发不良的事件。从国家发展来看，其可能导致西方社会思潮侵蚀我国的主流思想，马克思主义的指导地位被弱化，学生的、人生观、世界观、价值观发生混乱，这些都不利于中国特色社会主义的百年发展大计。因此，在移动互联网的巨大影响下，辅导员有义务认清自身思想政治教育话语权的重要作用，及时发声，积极地构建起移动互联网领域中思想政治教育的工作阵地，在网络阵地中不断提高先进文化传播的有效性，在主旋律弘扬的过程中，提高自身在网络中与大学生进行各种交流的有效性，借助移动互联网这一良好的网络平台，结合大学生的实际需要，开展心理、就业、生活、学习、咨询等方面的相关服务。同时，高校辅导员还可以借助移动互联网的舆情特性，密切关注并掌握大学生的网络动态，在不断深入了解中敏锐地把握具有群体性、倾向性以及苗头性的问题，从而通过“网上”“网下”的协调互动，不断教育、引导大学生科学地关注并认识相关的难点、热点以及重点问题，进而不断地丰富移动互联网中思想政治教育的宣传内容，更好地把握移动互联网引发的话语权及主导权争夺。

（二）高校辅导员的话语能力

移动互联网加剧了思想政治教育环境的复杂性。辅导员在依据思想政治教育话语权对大学生进行思想政治教育时，往往会出现自身苦口婆心、千叮咛万嘱咐，换来的却是大学丝毫不在意的情况。这要求辅导员要具备良好的思想政治教育话语能力。

高校辅导员思想政治教育话语能力指辅导员通过对话语的合理组织和运用，将社会所需要的思想、政治以及道德规范恰如其分地传达给高校大学生的能力。话语能力的个体差异是高校辅导员能否有效行使话语权利、获得“话语主导权”的主要内因。依据辅导员思想政治教育的实践过程，辅导员的话语能力包括话语内容的领悟力、话语表达的解释力、话语方式的吸引力、话语传播的影响力、话语研究的深入力、话语形象的感召力。话语产生于矛盾，话语正是为表现和克服困难才开始出现的。这意味着话语离不开人的实践活动。移动互联网作为人们日常生活中联系的主要工具，自然蕴含了多种显性与隐性的矛盾，辅导员的话语能力需要在移动互联网这一时代背景的发展下，不断适应、更新与提高，与此同时，也需要解决相应的诸多问题。

在移动互联网背景下，辅导员话语内容的领悟力指辅导员对原有思想政治教育话语符号系统与时代话语领悟能力的新理解，领悟力是辅导员话语能力的基础。思想政治教育话语符号涵盖了思想政治教育在长期的理论和实践探索中提炼并建构出的术语符号、价值意义以及言说方式，包括了中国特色社会主义政策、制度、文件话语以及思想政治教育理论话语。这些话语符号是辅导员开展思想政治教育的主要凭据。这些话语符号是高校辅导员实现“以理服人、以文化人、以情感人”的基础。辅导员需要全面认识、深入掌握这些话语资源，并将这些话语与移动互联网背景下的时代话语、经典话语、个体话语、集体话语以及大众话语等进行新的内化与融合，如此才能对学生“求之有给，问之有答，授以真知，解以真谛”。

辅导员话语表达的解释力指辅导员在话语内容领悟力的基础上创新话语表达方式，不断提高自身对话语内容的解释力。解释力是辅导员话语能力的关键。移动互联网出现后，辅导员更需要依据大学生的接受、理解水平随时创新解释话语的表达方式，将领悟到的思想性、政治性、文化性、道德性以及指令性文本结合移动互联网背景，转化为学生更易接受的充满趣味性、生活性、社会性的交际话语，从而为辅导员话语解释力赋予实践气息。

辅导员话语方式的吸引力指辅导员通过不同的话语方式，充分发挥思想政治教育话语内容的吸引力。在移动互联网背景下，辅导员要充分捕捉、利用、创设话语时机，对学生开展思想政治教育，利用口头、书面以及网络等话语形式，通过倾听、接受、解释以及引导等方式，在解决学生实际问题与困惑的过程中，启发诱导学生，严爱结合，张弛有度，如此才是辅导员话语吸引力的精髓。

辅导员话语传播的影响力指辅导员通过移动互联网进一步扩大辅导员话语发挥作用的范围。辅导员对学生进行的话语传播一般可以分为人际传播和组织传播两种方式。人际传播指辅导员开展的一对一谈心谈话，组织传播指辅导员通过正式或非正式的渠道进行话语传播。两种传播方式具有直接性、针对性、可控性，但也不可避免地存在受众数量有限、大众认知程度较低等问题。以移动互联网为载体的话语传播方式，扩大了辅导员的话语范围，能够帮助辅导员话语走出时空局限，延长话语时效。

在移动互联网背景下，辅导员话语研究的深入力指辅导员对大学生话语现象背后原因的深入分析以及对思想政治教育话语规律的不断探究能力，深入力是辅导员话语能力的支撑。移动互联网使得大学生的话语兴趣以及话语使用方式都发生了巨大变化，通过对学生使用的“新词”“热词”以及“流行语”的敏锐把握，可以了解到大学生不同的心理特征。而思想政治教育话语也存在需要积极探索的学术空间。辅导员对话语研究的深入分析是解决大学生话语猎奇、身心浮躁及认识混乱等问题的主要途径。

在移动互联网背景下，辅导员话语形象的感召力指辅导员良好的人格形象作为无形的话语力量对大学生思想政治教育的巨大感召力。辅导员的人格形象的保持依靠的是辅导员良好的个人品质，辅导员不能靠教师的优势地位粗暴地管理教育学生，反而要更新理念、换位思考，尊重、关心、理解学生，并通过自身的言行一致、身体力行，充分地发挥辅导员思想政治教育话语感召力的作用。

高校辅导员要不断提升自身思想政治教育话语的能力，在及时发声的基础上，善于发声，从而真正实现“话语主导权”。

（三）高校辅导员的主导权力

高校辅导员思想政治教育主导权力由移动互联网背景下辅导员话语能力所决定，是高校辅导员作为思想政治教育工作者需要实现的既定目标。根据辅导员思想政治教育“话语主导权”的内涵，下面从高校辅导员思想政治教育主导权力的主导地位、主导作用以及主导规范三方面来分析“话语主导权”。

主导地位指高校辅导员优势地位的实现。从高校辅导员的现实选配来看，高校辅导员的学历层次、研究能力、社会及人生阅历在很大程度上优于学生群体，这为高校辅导员提供了天然的地位优势。但这种优势是短暂的，仍需通过主导作用及主导规范来保证其持久存在。

主导作用指高校辅导员解决实际问题话语效力的发挥。在思想政治教育话语中，辅导员能否客观评价是非曲直、真实反映现实情况是学生认同的前提，也是主导作用效力发挥的重要基础。辅导员应当采用科学的思想政治教育话语，对大学生的实际问题及时关注，对症下药，帮助大学生解决学习、生活以及思想问题，进而形成信服力，防止话语失效。

主导规范指移动互联网背景下高校辅导员有序教育与管理的话语举措。辅导员在帮助学生享受教育权利的同时，通过引导学生的思想与行为，教育学生遵循校规校纪、法律法规，从而建立自身的思想政治教育话语秩序。这一话语秩序需保障学生个人权益的实现，也需辅导员以身作则，进而引导学生自愿遵守相关法律规范。

二、高校辅导员话语权境遇

（一）高校辅导员话语权面临的困境

社会经济政治的不断发展，促使着社会的转型，同时也极大地促进了网络社会的融合与发展。与此同时，高校辅导员思想政治教育话语方式在话语环境、主体内容等方面也发生了巨大变化。

1. 心理困境

辅导员这一特殊群体应该在思想政治教育实践中发挥更大的作用。思想政治教育工作目标的实现，一要靠真理的力量，二要靠人格的力量。高校辅导员这一主体，本应该在话语方式的日常运用和演变发展中保持积极主动的态度，但在现实中，辅导员思想政治教育话语方式面临着严重的心理困境，主要体现在话语方式的选择和表达、话语方式的更新等问题上。

在实际的思想政治教育活动中，考虑到工作环境和工作性质的独特性，高校辅导员思想政治教育话语方式很多时候会采用比较稳定的表达形式，而这种稳定的方式往往是灌输式的、封闭式的，缺乏创新，缺乏平等性，不利于教育者和受教育者之间的互动交流，会给高校的思想政治教育工作带来实质性的麻烦。同时，高校的思想政治教育话语方式还存在更新滞后的问题，而学生是追求个性化和自主化的主体，是比较容易被新鲜事物吸引的。这会使得教育者和受教育者的话语方式存在差异，从而不利于双方的互动交流。

2. 观念困境

当今社会发展日新月异，西方文化和价值观带来的巨大的冲击效应，渗透到高校生活的方方面面，对大学生的价值观产生了影响的深远。同时，主体间性的多样化和现代性发展也给高校辅导员思想政治教育话语方式的选择与发展带来了很多的不确定性，如何准确摆脱多元文化和主体间性的发展带来的观念困境也变得尤为重要。

（1）文化发展的多元化、渗透性

众所周知，文化深刻地影响着国家的发展和个人的发展。世界是开放的，中国也是开放的，社会是开放的，在开放的大环境下，人们有了更多的自由，有了更广阔的空间，因此也有了更多的选择。环境影响着人们，人们也创造着新的环境，文化环境影响着人，人也改变着文化环境。中国与世界的联系日益紧密，文化的交流与共享，使得中国文化更加丰富多彩，各种文化应运而生。这种文化多元化发展的现象是具有世界性的。文化背景和传统的不同，使得世界更具有包容性，也让中国更具有包容性。社会大众文化与大学生群体文化的融合发展使得两者之间的界限越来越模糊，社会文化现象对大学生群体的影响也一步步变深。文化的多元化对高校的思想政治教育有着深刻的影响，也对高校辅导员的思想政治教育话语方式产生了相应的影响。

（2）主体间性的多样性、现代性

主体间性作为贯穿思想政治教育主客体关系的理论主线，是西方哲学的重要范畴之一，也被称为互主体性、交互主体性或主观主体际性等。到底什么才是主体间性呢？主体间性是与主观性相对的，属于客观性的范畴，主体与主体之间表现为彼此交互的作用，这就是主体间性。主体间性也被理解成一种代表自我和他我关系的现象学的一种概念，也指代主体关系之间的规定性、统一性、共通性和一致性，这也是主体间性多样性的体现。

进行思想政治教育的教育方和接受思想政治教育的被教育方，都是具有主体性的现实人，两者之间是一种主客体的关系，但是又与其他的实践主客体不太一样。基于传统的历史的角度，个人主体性的发挥在于其自主能动性的体现，虽然传统的以大局为重的观念强调，个人应该服从社会，但是这种服从不能不考虑个体的现实需要，因此其并不是绝对地服从。在社会主义市场经济条件下，个人主体性的发挥越来越重要，主要是因为个体主观能动性的需求增加，个人主体性被慢慢地唤醒。

主体间性更通俗的解释就是人与人之间、人与社会之间的一种关系状态。主体间性与社会背景有着深刻的联系。思想政治工作的教育者与接受教育者双方的关系被视作主体间关系，主体间关系先于两者之间的师生关系。主体间性思想政治教育是一种超越主客体模式的主体性层面的关系表达，体现了教育者与被教育者在思想政治教育活动中的相互影响关系和内在关系，是对单一主体性的合理改善和提升。主体间性的现代性表现在，它不再是过去的单向主体性模式，主体与主体的新交往模式受到了现在大多数学者的认可，思想政治教育从主体性向主体间性发展，由过去的独白走向对话，教育者与被教育者实现了话语权的共享。

3. 网络困境

20 世纪 90 年代以来，互联网的出现和迅速发展，使得网络渗透到社会的各个方面，是人民生活、学习的新的社会形态。网络社会的复杂化、虚拟化发展趋势明显，网络的发展给人们的生活带来了无限的便利，但也给人们带来了烦恼和困惑。众所周知，网络社会是一个虚拟的世界，是现实社会主体以虚拟的存在方式在网络中开展各自的活动，具有空间的虚拟性，且不受地域的限制，不受国界的限制。网民是虚拟的群体，具有身份虚拟性、关系虚拟性。高校辅导员思想政治教育话语方式在当今的社会中面临着与日俱增的网络困境。

网络信息繁多，人们很难在短时间内获取真实且有效的信息。网络社会作为新的社会结构的组成部分，对我国的政治生活有着不可估量的影响。虚拟化的网络社会不仅影响着政治的稳定和政治文化，而且还影响着政治秩序。网络社会的本质是人们的沟通交流，然而网络交流对象的不确定性、模糊性，使得网络社会越来越复杂化，这给高校辅导员的思想政治教育工作的顺利开展带来了挑战，给学生的网络交流增加了一定的难度。

（二）高校辅导员话语权优化的困境归因

社交媒体带来的巨大变革在日常思想政治教育活动中，表现为诸多的机遇及挑战。在社交媒体环境之下，辅导员在日常思想政治教育工作中应当抓住机遇，为思想政治教育实践创新提供助力。与此同时，还应当直面社交媒体环境带来的挑战，对辅导员思想政治教育话语优化的困境进行归因，以正确的态度和方法摆脱困境。

1. 话语内容创新缺席

事物的发展是作为一个过程的延伸形式而存在的，辅导员对事物的认识同样应当不断地变化。只有这样，其才能准确把握事物发展的各个阶段的特点，形成对发展着的事物的正确认识。同样，思想政治教育话语是作为过程而存在的，在不同的发展阶段有着不同的特点。话语内容的过度超前会在一定程度上影响话语实效性的体现，而对话语内容的认识滞后则在更大程度上对实效性产生了阻碍作用。

2. 媒介素养缺位

社交媒体对人们生活方式的影响是巨大的，越来越多的社会活动在社交媒体平台上开展，社交媒体元素在生活中无处不在，人人社交已经从一句口号变成现实。人们在惊叹社交媒体给自身日常生活带来变化的同时，还应当正视处在社交媒体浪潮中的每一个人。具体而言，社交媒体环境不仅在一定程度上塑造着人，而且也呼唤着人们对社交媒体理性认识和使用。而在这其中，最为根本的就是对媒介素养的呼唤。

辅导员如何才能适应社交媒体带来的变化，媒介素养则成了回答这一问题的基础。媒介素养不仅包括对特定媒体形态的认识和熟练使用，而且还包含对媒体形态的深层次理解，对媒体特征及其环境的把握和掌控。缺少了适应社交媒体时代的媒介素养，或者缺失了对社交媒体的正确认识和理解，思想政治教育话语就不能适应新的媒体形态，话语优化也将无从谈起。认识社交媒体、理解社交媒体应当成为对社交媒体环境下的辅导员思想政治教育话语进行优化的前提和基础。而在具体实践当中，辅导员的媒介素养缺失在相当大的范围内存在，不少辅导员还无法熟练操作社交媒体，无法将思想政治教育与社交媒体有机地结合起来，无法在网络环境中引导舆论，做“意见领袖”的能力明显不足，这些情况在年龄较大的辅导员队伍中尤为突出。

3. 话语理念更新缺欠

思想政治工作“要针对每个单位、每个人的不同情况去做思想工作”。毫无疑问，思想政治教育活动虽然是在一定阶级、一定社会集团的主导下进行的，但从根本上说，仍然是在做人的工作。与此同时，思想政治教育活动的完成、思想政治教育目标的实现也不仅仅止于教育者对思想政治教育内容的传达，其最终目的和指向都在于人。应当说，受教育者对思想政治教育内容的认同和接受才真正意味着思想政治教育目标的实现。就这一意义而言，思想政治教育应当在实践中关注人，尊重人的主体性。

然而，传统模式下的思想政治教育实践中信息的获取和传播渠道较为单一，思想政治教育者有着相当重要的信息优势地位。在这样的模式之下，思想政治教育者是“自上而下”地进行思想政治教育活动的，其信息和意义传达的路径是单一且简单的，而思想政治教育者的优势地位为这种模式提供了基础和前提条件。但认真审视这一模式会发现，思想政治教育者在以同一的话语体系去面对情况不同、层次不同的受教育者。应当看到的是，在这一过程中，受教育者的主体性和个性特征在很大程度上被忽视了。社交媒体环境所带来的巨大变革已经深深地渗透到人们的日常生活当中。作为社交媒体环境的生力军，当代大学生群体的主体性和个性化特征得到了相当程度的彰显，原有的封闭式的、自上而下的信息传播模式已经发生了变化。新情况倒逼辅导员更新工作理念，将对大学生群体的主体性和个性化关照纳入思想政治教育话语的视域当中。

4. 话语转译能力缺乏

在社交媒体环境下，作为受教育者的大学生群体的文化多元特征十分明显，各类亚文化在大学生群体中非常活跃，网络文化从未如此深入地对大学生群体产生过影响。与此同时，大学生群体的思想观念呈现出个性化的特点。如何将思想政治教育内容与大学生群体有效地连接起来，找到思想政治教育内容与大学生多元文化之间的契合点，成了辅导员必须解决的问题。话语转译能力是辅导员所应具备的能力体系的重要组成部分，是辅导员在日常思想政治教育实务中应具备的重要应用技能，但在具体的思想政治教育实践当中，辅导员群体普遍存在着话语转译能力的欠缺问题。这一欠缺充分表现在辅导员对话语转译的视野较窄、转移过程粗放、转译原则模糊等方面。而辅导员在这些方面的欠缺也必然影响着其对思想政治教育内容的有效转换，阻碍着其思想政治教育话语的优化，并且在相当程度上制约着其思想政治教育话语有效性的充分体现。

第二节　高校辅导员话语能力提升路径

一、高校辅导员话语权的实现过程

马克思、恩格斯认为，精神交往是以“语言”为媒介的人与人的社会关系。与现代传播学不同，马克思、恩格斯更强调把精神交往置于人类社会交往中加以考察。在移动互联网背景下，高校辅导员作为教师的天然优势地位被极大地削弱，这给高校辅导员拥有话语主导权带来了巨大挑战。同时，高校辅导员话语主导权并非强调辅导员的话语霸权，而是引导大学生积极自觉地接受、认同、践行辅导员思想政治教育话语的内容，从而在大学生中自发形成话语主导。依据韦斯特利—麦克莱恩模式（指 B.H. 韦斯特利与 M. 麦克莱恩在 1957 年提出的一种供大众传播研究的模式），可以将高校辅导员定义为思想政治教育话语传播的把关人，高校辅导员既需要过滤各类话语信息，将其传递给大学生群体，又需要接受大学生的话语反馈，从而更好地进行话语传播。这需要确保高校辅导员话语生成过程的科学性和有效性、话语交互过程的深入性，还需仔细研究学生的话语接受规律，避免高校辅导员自说自话的尴尬境地。

（一）高校辅导员话语的生成过程

思想政治教育话语只有在思想政治教育实践过程中才会生成。因此，高校辅导员的话语生成过程，需要从辅导员思想政治教育的实践过程中进行总结与归纳，结合高校辅导员与大学生的话语交往过程，将高校辅导员的话语生成过程概括为时时更新的话语准备阶段、贴合实际的话语转化阶段和及时发力的话语实践阶段。

1. 时时更新的话语准备阶段

时时更新的话语准备阶段指高校辅导员在传统学习方式方法的基础上，借助移动互联网随时更新自身知识储备，丰富、完善话语内容，加强自身对思想话语、政治话语、教育话语的掌握水平。话语准备阶段分为两种情况，一是普遍意义上的知识话语学习与更新，二是针对话语主题的信息采集。

普遍意义上的知识话语学习与更新指在移动互联网时代，知识的更新日新月异，高校辅导员必须随时更新自身的话语资源，不断深入进行思想政治教育工作相关学科的宽口径知识储备，强化思想政治教育的基本原理、基本知识，掌握马克思主义中国化的相关理论和知识、大学生思想政治教育实务知识、相关法律法规知识等，从而为突发情况做好准备。

针对话语主题的信息采集指辅导员主动设置话语主题，并对话语主题涉及的相关内容进行信息采集。话语主题的选取和设定是高校辅导员与大学生进行话语交流的主线，主导了高校辅导员思想政治教育话语的效力。为了更好地实现高校辅导员的话语主导权，辅导员要把握好思想政治教育的方向，将大学生的思想行为与现实教育、社会主流意识形态以及依据职业素养的主观判断结合起来，主导教育方向；辅导员要引导学生关注社会发展核心议题，在移动互联网背景下，信息出现了指数性的爆炸增长，高校辅导员要通过话语主题的设置，话语交往的目的，话语互动的方式、内容和频次，引导大学生聚焦社会主导的思想、政治以及道德规范；辅导员还需通过回应大学生的热点问题来设置话语主题，如突发性、群体性以及危机性事件的处理，安抚大学生的焦虑情绪，纠正大学生的错误认知。选定话语主题后的信息采集不同于普遍意义上的知识话语学习，其要突出话语主题的核心精神与主旨，要将教育思想与人文关怀贯穿其中，从而避免在移动互联网的冲击下，思想政治教育出现“话语沉默”和“人学空场”的尴尬境地。话语主题确定后，辅导员要注重从话语主题涉及的理论内容、制度规范，大学生个人的成长背景，大学生对话语主题的了解程度，话语主题的经验借鉴等方面进行信息采集。

2. 贴合实际的话语转化阶段

高校辅导员话语权的重要生成标志是辅导员通过自身话语的外显，影响着大学生认可自身的话语内容、思想观念并积极响应追随，是由“一对一”到“一对多”的影响力的实际扩散。

贴合实际的话语转化阶段指高校辅导员通过自我话语转化使辅导员话语表达的内容与大学生认同话语的内容结合起来，使思想政治教育话语表达不是高校辅导员的一家之言、自说自话，而是贴合思想政治教育内容以及大学生学习生活实际的有效话语。高校辅导员需要将话语准备内容融进自身思想认知体系之中，使之形成自身的特色话语，而后需要结合大学生个体以及群体的背景、发展状况以及相关经验信息等，帮助大学生更好地理解与接受思想政治教育的深层内涵。具体来讲，高校辅导员需要将教材、公告、通知以及理论等文化性、道德性、思想性、政治性、指令性的文本话语，融入自身的内在认知中，而后依据个人对大学生的认知特点、话语使用习惯及偏好等的理解，将这种内在认知外化为大学生乐于接受的充满趣味性、生活性以及社会性的话语。话语转化赋予了高校辅导员话语强烈的实践性，人际话语的交往性更融入了思想政治教育的理论性，降低了教育的说教性，学生更容易在思想上认可，心理上认同，行为上遵循。

3. 及时发力的话语实践阶段

话语准备及话语转化完成后，就进入了实践阶段。及时发力的话语实践阶段指高校辅导员自身话语从准备阶段进入实践阶段，这是高校辅导员话语主导权生成的关键性转变。

口头表达主要是开会、报告、发言、讲座以及谈心谈话等口头表达形式，书面表达主要是报道、通知、总结、评论等正规形式。网络表达可以认为是口头表达、书面表达与移动互联网相结合的新产物。高校辅导员思想政治教育工作必须“因事而化、因时而进、因势而新”。因此，高校辅导员要积极适应移动互联网背景下，话语体现出的碎片化、分层性、简洁性、趣味性以及新奇性特点，要依据学生的使用习惯，利用传统移动互联网载体以及移动互联网潮流交往工具，充分提高思想政治教育对大学生的感染力和吸引力。

高校辅导员的网络表达可分为三种类型：一是人际沟通。高校辅导员通过使用 QQ、微信等移动互联网沟通软件开展谈心谈话、心理咨询、就业指导等思想政治教育工作。二是组织传达。高校辅导员可通过所在高校建立的官方移动互联网沟通渠道进行组织话语传达，如发布文件、传达指令等，还可以通过非正式的移动互联网沟通渠道进行话语传播，如班级、年级的微信群，QQ 群等移动互联网组织。三是广泛传播。随着移动互联网的快速发展，高校辅导员可以运用新型传播工具，如电脑、手机等，向大学生进行信息传播。

移动互联网帮助高校辅导员及时开展话语实践，不受时间和地域的限制。此话语阶段最重要的是大学生对高校辅导员话语的接受与内化，是辅导员帮助大学生完成个人认知的转变、观念的改变及思想品德的提升，帮助大学生实现自我教育的各项活动。

（二）高校辅导员话语的交互过程

在探讨完高校辅导员的话语生成后，还需要分析高校辅导员与大学生在移动互联网背景下的话语交互过程。高校辅导员作为话语发声者，在进行思想政治教育的过程中，需要与大学生进行交互对话、情感交流以及思想碰撞等一系列话语交互活动。解析高校辅导员与大学生在当前移动互联网背景下的话语交互过程，有助于帮助辅导员了解大学生对话语的接受程度，并及时得到话语反馈，进而使大学生更好地接受辅导员思想政治教育话语，提高思想政治教育话语的实效。依据高校辅导员的工作实际，话语互动过程可分为以下三个方面。

1. 话语沉默

此阶段指大学生对高校辅导员的话语输出没有进行对等回应，甚至不做回应，出现了高校辅导员自说自话的灌溉教育模式，这是辅导员思想政治教育话语单向输出、互动失败、反馈断裂的表现。其一般出现在高校辅导员与大学生话语交互的初始阶段。此阶段高校辅导员与大学生彼此互不了解，话语沟通内容有限，是高校辅导员需要关注的重点阶段。

2. 话语回应

此阶段指大学生对高校辅导员的话语提问进行回答，大学生的态度性回应比话语沉默阶段稍有进步，可使辅导员迅速掌握大学生对某一话语主题的基本立场和态度情感。大学生的话语回应为辅导员思想政治教育话语指明了基本方向，有助于辅导员进一步打开大学生的思维“暗盒”。

3. 话语交流

此阶段指大学生向高校辅导员阐述个人观点，话语相对丰富，逻辑相对严谨。高校辅导员依据大学生的话语反馈，可掌握大学生外在行为中的认知与思维模式，了解大学生思想、政治以及道德的观念认知，帮助大学生提高移动互联网背景下的复杂意识生态中的辨识能力、理性思维以及抗干扰能力，并不断提高马克思主义在大学生思想认知中的指导地位。在此阶段中，高校辅导员与大学生会进行一定的话语辩论，两者各自行使话语权利，进行交流，在话语交流中辨别真理，批驳谬误，以期达成最终共识，从而使真理得到传播，这一阶段也是高校辅导员赢得话语主导权的关键阶段。

高校辅导员与大学生的话语交互过程并不能跳脱话语交互的基本规律，但移动互联网的便捷性、私密性等特点为高校辅导员与大学生的话语交互途径的选择提供了更多的便利，使高校辅导员与大学生的话语交互不单是线下的面对面沟通。

二、高校辅导员话语权的优化原则

法国哲学家米歇尔·福柯曾指出，权力从来都不是固定在这里或哪里的。它从不在任何人手中，不像一个客体，如财富或商品。在移动互联网深刻影响大学生日常学习生活的今天，高校辅导员要想牢牢掌握话语主导权就必须与时俱进，实现话语的创新发展，进而拓宽思想政治教育话语的主导空间，同时也要遵循主流意识形态的根本指导，不忘初心，始终与以习近平为领导核心的党中央保持高度一致，用社会主义核心价值观指导思想政治教育工作，把握好思想政治教育的“变”与“不变”。诚然，高校辅导员话语主导权的实现也不能仅仅依靠辅导员个人的力量，还需各方协同发力、组合出拳，如此才是实现话语主导权的有效方针。

原则是人们说话或行事所依据的法则或标准。没有规矩，不成方圆。任何事情的发展都离不开一定的原则。移动互联网这一现实态势影响下的高校辅导员话语主导权优化原则是辅导员实践经验和思想政治教育话语规律的科学呈现，对辅导员话语主导权的实现具有重要的指导意义。

（一）坚持融合与创新相结合的原则

成功的意识形态应在解释外部条件的变化时保持灵活的适应性和包容性，如此才能与时俱进，不断更新自我，从而赢得成员的持续认同。辅导员在面对移动互联网平台中全新的话语信息传递方式时，需要整合时代话语与理念。辅导员在思想政治教育话语主导权的掌握中如果故步自封，那么就会失去对现实社会的解释力，因而也会失去自身的影响力，与大学生渐行渐远。

邓小平曾提及“不以新的思想、观点去继承、发展马克思主义，不是真正的马克思主义者”。因此，辅导员在不断优化自身话语主导力、获取话语主导权的过程中要不断创新话语表达、话语方式及话语内容。

（二）坚持独力与合力相结合的原则

辅导员话语权的优化仅仅依靠辅导员个人的力量是不行的，还必须紧紧依靠多方合力共建才能为辅导员提供源源不断的话语。高校作为辅导员开展思想政治教育的直属场域，自然需要自上而下地为辅导员提供良好的话语环境，宣扬正确的话语认知，尊重辅导员的话语地位，从而不断地帮助辅导员提高话语影响力。而国家和社会也需逐步完善与辅导员相关的制度保障，包括高校辅导员职业能力标准、辅导员年度人物评选等，这些均为辅导员话语主导权的优化提供了良好的保障。

（三）坚持理论与实践相结合的原则

高校辅导员话语权的优化必然要坚持理论与实践相结合的原则，这是由思想政治教育学科属性和教育规律决定的。辅导员不仅需要掌握马克思主义理论、思想政治教育学原理以及传播学等相关理论基础，保持高度的意识形态性，而且还需要通过党建和班级建设、心理健康咨询、日常教育管理等具体实践工作来彰显中国特色社会主义意识形态的话语内容。

辅导员不可因繁杂的事务性工作而忽视理论学习，也不可注重理论学习而脱离实际。要善于不断提高自己的理论水平，并从学生丰富的生活世界以及实际生活中获取更多的营养，要善于将理论性、政治性话语转化为生动活泼的生活话语，要善于对热点话题进行理性话语分析。

（四）坚持教育与引导相结合的原则

辅导员坚持高校辅导员思想政治教育话语权的根本目标是实现思想政治教育的教育引导，帮助大学生成长，使之成为符合社会发展需求的合格社会主义建设者和可靠接班人。因此，辅导员坚持教育与引导相结合的原则是必不可少的，这是辅导员话语主导权的根本价值所在。但需要明确的是，这种教育与引导需要在尊重大学生主体性的前提下开展，辅导员不应为盲目追求话语主导，而在思想政治教育中陷入话语霸权的被动地位。

三、高校辅导员话语权的优化要求

高校辅导员话语权的优化研究是在辅导员继承思想政治教育话语权等相关理论研究的基础之上，结合新的时代特征，采取更为包容的方式整合更多的资源进行的创新研究。“优”作为一个动态过程，是方向性的描述，“化”作为一个定量的表示，是具体化的描述，“优化”决定了高校辅导员话语权必须满足一定的优化要求，如此辅导员才能提出更具针对性的优化路径。

（一）立足新时代的社会现实

党的十九大全面开启了决胜全面建成小康社会、全面建设社会主义现代化国家的新征程，中国特色社会主义建设已进入全新的历史阶段。在新时代，经济全球化和网络的普及在呈现交流融合态势的同时，也不可避免地给高校大学生带来了巨大的影响和冲击，高校辅导员同大学生一样也面临着复杂的社会现实。一方面，大学生借助移动互联网的迅猛发展，不断开阔视野，增强主体意识；另一方面，大学生也因泥沙俱下的价值和文化融入而有了迷茫与无措之感，更滋生了如虚无主义、物质主义以及精致的利己主义等消极思想。新时代要求辅导员要直面社会现实，在新的复杂形势中坚定信念，如果不能深刻地认识到新时代的发展变化，不能应变新时代的复杂环境，那么就不可能真正地掌握话语主导权，成为大学生的指导者和引路人。

（二）立足大学生的实际生活

高校辅导员话语权的优化要贴合大学生的实际生活。一是要与大学生的专业教育融合。高校辅导员要努力将思想政治教育融于学院的专业教育之中，要找到思想政治教育与专业教育的切合点，密切结合大学生的专业学习、专业选择以及专业素质的提高等内容，以立德树人为根本指向，明确道德立于人才之前才能真正培养出有德性的全面发展的职业人。二是要与学生的学习生活融合。大学生话语信息获取渠道全面多样，任何不符合大学生实际认知的教育内容都会使大学生感到反感甚至厌恶。因此，高校辅导员更应不断提高思想政治教育的生命力，不断研究，解决新问题，吸收最新的理论成果，通过移动互联网这一话语平台，用新的教育内容武装学生、帮助学生。要以学生为根本，关注学生在日常生活中遇到的实际问题，帮助学生尊重他人、关心他人，不断提高其道德品质和人文素养。

（三）立足辅导员的职责使命

高校辅导员作为高校思想政治教育工作者中的一员，也承担着培养什么人、为谁培养人以及如何培养人的任务。移动互联网在为高校辅导员和大学生带来丰富的育人载体、教育资源的同时，也影响着高校辅导员立德树人工作中“人”的价值取向、思想观念以及精神风貌。因此，高校辅导员应在移动互联网背景下坚守立德树人的根本职责与使命，确立“德”的主导性，从而有效地在大学生中自发形成话语权。

四、高校辅导员话语能力的提升路径

理论分析的最终目的是使实践力量更为有效地发挥。实践若无理论的指导也只是盲目的探索。高校辅导员话语权的研究在理论探索、发现问题、分析问题的基础上，最重要的是解决问题。因此，高校需要从辅导员自身的本领水平、话语的实施环境、话语传播平台以及大学生的接受能力等四方面协同并举，不断优化辅导员的话语权。

（一）辅导员综合素质的提升

在主体与客体的关系中，主体是能动的主导因素，通过自觉的、有目的的、有意识的活动把自己的理想、意识、目的、知识、能力等转化到客体之中，从而体现人的主体性。在移动互联网背景下，高校辅导员话语权的取得必须以提升辅导员的综合素质为根本，如此才可以帮助辅导员有效地占据话语主导地位，发挥主导作用。

1. 明确指导思想

高校辅导员话语权必然要以马克思主义、毛泽东思想以及中国特色社会主义理论为指导思想。辅导员应努力将思想政治教育与主流意识形态结合起来，把握好移动互联网背景下自身开展思想政治教育的政治方向。

高校辅导员更需要坚定正确的思想政治导向，将马克思主义置于话语思想的核心位置，对马克思主义思想中有关话语、传播以及权威的思想内容要深刻地学习与把握，这对于辅导员思想政治教育话语的纵深发展具有深刻的意义。辅导员必须把马克思主义贯穿于移动互联网思想政治教育的始终。

自党的十九大以来，习近平发表了一系列关于做好意识形态工作的重要讲话，尤其是对网络意识形态的产生、发展、重要性以及部署策略等内容进行了详尽的论述。辅导员作为思想政治教育的骨干力量，必须正确理解新时代中国特色社会主义思想的丰富内涵，自觉培养个人的政治意识、责任意识以及大局意识，在面对移动互联网的复杂形势时，能够保持清醒的政治头脑，坚定政治立场，提高政治鉴别能力，妥善地运用辅导员的职务权利去维护主流意识形态的权威，勇于担当职责使命，把组织赋予的话语权利作为自己的职责与使命，教育、引导大学生正确地认识移动互联网的复杂话语信息，使之在思想上认同社会主义，在行为上选择社会主义，成为社会主义核心价值观的信仰者、执行者、传播者，进而树立正确的世界观、人生观、价值观。

2. 更新思维观念

移动互联网的到来是社会发展进步的必然结果。高校辅导员必须深刻地认识到移动互联网的利与弊，不可完全顺势而为也不可忽视抵触移动互联网的应用价值，应在传统思想政治教育方式的基础上，充分利用好移动互联网这一话语传播平台，树立网络意识，主动接触移动互联网，学习移动互联网的相关知识，使自己不断贴近大学生的思想、行为和观念。其在思维观念上要接受移动互联网的出现和发展，教育者已无法完全掌控话语信息的真实与否，辅导员作为话语主导者的时代已一去不复返了，因此要平等与学生进行对话，正视后喻文化的到来。辅导员要着力消除传统思想政治教育过程中辅导员的话语霸权，建立起平等对话、民主交流的话语秩序，尊重学生个人的话语权利，否则，便不可能实现高校辅导员在思想政治教育过程中真正的话语主导权。移动互联网时代下的高校辅导员，更需要改变“一言堂”的绝对主导的话语观念，充分了解学生的所思、所想、所求，努力站在学生的角度，使用学生的思维理解学生的所思所想，努力消除学生对辅导员的戒备心理，努力通过引导、教育、关心、爱护大学生，使其信任自己、敬佩自己、认可自己，进而学习自己的优良品质，最终获得在大学生群体中的话语权。

3. 增强话语能力

高校辅导员的话语内容影响着思想政治教育话语的发展方向，也关系着辅导员话语权的获取与掌握。高校辅导员获取话语权的关键在于话语内容要贴合时代发展、学生需求，在继承和发展上不断创新话语内容。良好的话语关系也是辅导员获取话语权的必要条件。辅导员在更新话语内容之后，也需要注重话语表达，缩短话语间性，切实提高话语实效。

（1）不断完善人格修养

辅导员话语权的实现，不仅需要话语、理论的力量，而且还需要辅导员的人格魅力、行为示范，这样才可以体现思想政治教育的科学性、真理性和道德性，使辅导员的话语在现实生活中得以具化体现，这需要辅导员不断完善个人修养。

辅导员在思想政治教育过程中，不能靠职位权力强制大学生信服自己，应该依靠良好的道德和高尚的品行不断感化学生，使用辅导员的人格魅力这一无形的教育力量。这种无声的教育往往能收到比有声教育更好的教育效果。辅导员要具备对教育事业的忠诚、热爱，对学生履职尽责、认真对待，要将自己良好的品德体现在每一次的谈话之中，要一心为学生着想，要为学院、学校的发展甘愿奉献、全身心地投入，要为学生排忧解难，要呵护学生，拉近师生的距离。

当辅导员与学生朝夕相处、几乎“同吃同住”时，其各项行为都会被学生看在眼里、记在心里，也会成为学生政治上的导师、能力上的高师、道德上的贤师、行为上的良师。正如教育家苏霍姆林斯基所说的那样：“我们应当以丰富的精神生活给孩子们做出榜样。只有在这种条件下，我们在道德上才有权利教育学生。”辅导员话语权的实现还需要辅导员自身的践行和示范，其在教育管理中应用的规章制度和行为规范自己一定要带头遵守，如此才有权利要求学生同样遵从。在实际问题的解决上，辅导员苦口婆心的劝说，不如实践中的示范来得有效。

（2）丰富个人话语内容

辅导员要自发主动地加强话语学习，丰富自身的经验与知识。移动互联网话语的千变万化可以说是辅导员思想政治教育面临的最大的话语挑战，移动互联网话语的简明性、生活性、时代性及实时更新等特点是需要辅导员不断适应的。但辅导员在不断学习时代话语的同时，还需要挖掘传统话语资源中的有益内容来提高自身话语内容的感染力、吸引力和引导力。这包括熟悉移动互联网话语、着眼大学生生活话语、继承创新经典话语等内容。

①熟悉移动互联网话语。在移动互联网时代，辅导员传统话语的沟通方式自然会受到影响和冲击。辅导员如果不能顺势而为，便会使得思想政治教育与现实脱轨，不利于思想政治教育实效性的提高。辅导员的话语内容要与时代相融合，要对时代的热点问题熟知于心，这样既不会令自己脱离时代，也不会使自己远离学生。

②着眼大学生生活话语。辅导员要学会从社会大众和大学生的日常生活中汲取有益的话语资源，生活化的语言更容易被大学生所接受，也更加符合大学生的心理需求。辅导员思想政治教育话语需要在大学生的情感生活、现实生活

以及网络生活中寻找话题，从而更加便于与学生沟通。

③继承创新经典话语。马克思主义经典作品、中国优秀传统文化和中国共产党积累的丰富的思想政治教育话语中蕴含着丰富的话语资源，辅导员需要在继承这些话语精髓的基础上，把握经典话语的深刻内涵，努力实现经典话语与现代情境的有机结合，在话语中融入时代特色，将理论话语转化为生活话语，从而引起大学生的共鸣，增强话语的生命力。

（3）提高个人话语艺术水平

高校辅导员如果缺乏丰富的话语素材，那么与大学生的交流过程必然是索然无味的。而缺少形式多样的话语表达，也会使对话交流变得单调生硬，从而造成学生的抵触。所以，高校辅导员还需要注意训练自身的话语技巧，提升话语策略，创新话语表达形式，进而提高自身话语表达的艺术水平，达到事半功倍的话语交流效果。

训练话语技巧，指辅导员需要具备“能说会道”的能力，这种“能说会道”使得辅导员的思想政治教育话语可以表达得通俗易懂。辅导员的话语技巧主要包括软硬转换、正反对比等方式。软硬转换指辅导员使用软性说服和硬性命令相配合的方法解决大学生的思想和实际问题。软实力是辅导员话语的道义力量，强调的是大学生“愿意听”和“有人听”；硬实力是辅导员话语的强制力量，强调的是大学生“必须听”和辅导员“让人听”。辅导员话语的“硬约束”为“软说服”提供了基本的保障，而辅导员话语的“软说服”是“硬约束”的追求目标，辅导员只要将两者配合适当，便可很好地发挥自身话语的主导作用。正反对比，顾名思义，是辅导员通过正面的说服和反面的对比帮助学生明辨是非，增强大学生对思想政治教育主导话语的认同。

多种良莠不齐的社会思潮相互碰撞，引发了各式各样的现实问题，这要求辅导员必须帮助大学生分析事件或问题的各种影响因素，支持正面积极的影响因素，改造和消除负面消极的影响因素。通过正反对比，提高学生的辨别能力，从而使自身话语主导权在话语解构的博弈中占上风。

提升话语策略指辅导员妥善处理教育话语与理论思维的关系，将工作话语、制度话语、政治话语以及权势话语转化为富有人情味以及贴近学生实际的话语，将理论认知话语和枯燥的价值取向转化为大学生的内在价值，并使大学生可以实现自身的思想价值。辅导员常用的话语策略是虚实结合和疏导结合。虚实结合指辅导员将解决大学生的思想问题和实际问题结合起来，“虚”指辅导员运用理论教育、思想教育以及方向引导的方式方法解决问题；“实”指辅导员通过协调和融合各方利益的方式方法，解决大学生的实际问题。

在实际思想政治教育中，思想问题和实际问题时常相伴而生。所以，辅导员要坚持“虚实结合”的话语策略，将解决思想问题和实际问题结合起来，如此才能使自身的话语更具说服力，从而提高大学生对自己话语的认同度，使自己的话语主导权不是徒有“虚名”。疏导结合指辅导员在尊重大学生话语权利的基础上，因势利导，将大学生各种各样的思想认知和行为引向正确的道路。疏导结合强调辅导员要注重倾听学生的心声，了解学生的切实需要，进而帮助学生树立正确的思想观念，形成正确的行为认知，在与大学生的教育互动中坚持多样与主导、民主与集中的张力，进而发挥辅导员话语主导的作用。

创新话语表达形式，指辅导员依据学生的个性和话语设置情境，通过综合运用多种话语形式，灵活地调整辅导员的话语方式、形态和内容，进而达到意想不到的话语主导效果。其具体运用方式有情理互通和言行统一两种。情理互通指辅导员既要“以理服人”也要“以情感人”，两者的逻辑关系通常是“情通”有助于“理达”，“晓理”能深化“感情”，理性认知和感性接纳的有机组合，可以为辅导员话语主导的实效提供不竭动力。在此基础上，辅导员还需要做到言行统一，用自身行动印证所提话语，促使大学生更加信服理论的科学性和实践性，同时也为大学生提供了明确的实践和学习方向，切实发挥了自身的实际引导作用，增强了自身话语主导权的可信度。

（4）注重相关理论研究

现实问题的困扰最终需要科学的理论研究来解决。在移动互联网背景下，辅导员话语主导权也需要通过加强相关的理论研究来解决实际问题。辅导员通过对话语内容、话语艺术以及话语方法等的研究，加之对移动互联网话语传播规律的有效分析，来提高自身应对外界突发问题的应对水平。移动互联网的不确定性消解着辅导员的话语权威，也加大了辅导员对主流话语进行传播的难度。辅导员在这些实际问题面前，要保持清醒的头脑，使用理论的力量帮助自己辨别移动互联网中不良信息和意识形态的渗透，自觉运用理论研究结果，掌握移动互联网的运用方法，增强自身在移动互联网背景下思想政治教育话语的主导权威。

与此同时，辅导员要注意利用学科的交叉整合，促进思想政治教育话语的长足发展，保持思想政治教育学科的独有性，有选择地接收与借鉴其他学科的科学理论，提高辅导员话语理论的研究水平。

（二）话语实施环境的优化

人创造环境，同样，环境也造就了人。辅导员话语主导权的获得还会受到话语外在实施环境的影响。良好的话语实施环境不仅为高校辅导员提供了工作保障，而且还有利于调动辅导员工作的积极性，保障辅导员思想政治教育话语主导权的实效。

1. 追求宏观立法保障

高校辅导员话语权的行使和实现都需要借助外部权力的约束与维护。国家立法是高校辅导员话语权实效性的最高保障。在国家相关制度法规的保障下，辅导员才会不断增强思想政治教育话语权的作用力。当前对移动互联网的管制，第一步就是移动互联网相关移动终端的实名制使用。移动互联网的使用者有认识的误区，大多人认为移动互联网的环境是不真实的，在移动互联网上任何话语都可以随意说，这不仅严重影响了移动互联网信息的真实性，而且使得人们对移动互联网的言论缺乏责任感，这种情况需要国家的法律对其进行合理规范。

除了滥用自身话语权利的人之外，移动互联网平台上还存在部分放弃话语权利的广大受众，这类人群在因不同意见产生话语争论时，大多不会选择话语争辩，因为其认为与他人产生话语冲突是没有意义、没有必要的。这种话语权利的放弃会导致移动互联网话语交流平台的不完整，从而无法实现话语的有效交流。面对这种情况，国家需要完善奖励机制，激励更多的群众参与到移动互联网平台中，促进移动互联网作为交流平台的重要作用的有效发挥，使之成为高校辅导员话语权实现的重要交流载体。

2. 持续增强话语合力

国家在通过立法保障辅导员话语权后，还要从改善当前辅导员的话语境遇、改变辅导员原有的话语格局出发，促使高校共同发力，为辅导员在高校中争取合理的话语地位。这需要高校平衡话语权利的结构，肯定辅导员的话语作用和地位，赋予辅导员在学生工作领域中相应的话语权利。高校还需要畅通渠道，通过具体的体制机制贯彻国家相关政策法规，为辅导员提供良好的话语空间，使辅导员可以畅所欲言地表达话语内容。在此基础上，还要营造辅导员作为高校教师的社会共识，提高辅导员岗位的地位，促使辅导员成为一个被人认可的职业，进而增强辅导员的职业自豪感，推进辅导员在移动互联网背景下乐于言语。在辅导员乐于言语后，高校还需要帮助辅导员善于言语，重视对辅导员的培养和培训，创造条件使辅导员可以潜心研究思想政治教育规律，而后不断加强辅导员的专业化建设，明确辅导员的工作职责，配齐足额的辅导员，实现辅导员话语思想政治教育功能的回归。除此之外，高校还应当关心辅导员的日常生活，认可辅导员的辛勤劳动，提高辅导员的薪水待遇，注重保障辅导员的切身利益。

3. 突出完善监管反馈机制

有效的监管反馈机制是事物合理运行的有效保障。建立、完善有效的监管反馈机制，需要注意以下两方面内容。

第一，高校要加强对校园移动互联网的监管和指导，努力构建完备的移动互联网防护体系，进而改善移动互联网的传播现状。

第二，高校要在技术上运用无线局域网协议、特殊地址网站访问以及以太网点对点服务访问等技术构建移动互联网防护体系。在规章制度层面，要制定合理的移动互联网管理制度、大学生移动互联网行为规范来约束和督导学生，当然，在移动互联网的教育管理中，不可以只注重自上而下的管理和约束，还需要关注自下而上的话语反馈。

高校可以通过观察、收集以及评估大学生对移动互联网话语的反应、喜恶来使之成为反馈信息，依据反科学性运用移动互联网进行二次传播，这样依据学生的信息反馈建立起来的循环机制，有利于辅导员话语权的实施。具体来看，高校可以通过高校本身的网站、微信公众号以及官方微博等平台，将大学生对全球新闻的关注以及敏感话题的转发跟帖作为有效指标。同时，可针对大学生的实用网站开展专门性的摸底调研，贯彻传统“灌输”和“双向互动”并行不悖的话语转变形式，畅通监管渠道，从而全面有效地对移动互联网话语进行有效监管。

（三）话语传播平台的完善

高校辅导员的话语权需要借助一定的话语传播平台才可以得到有效保障。辅导员需要不断完善以思想政治教育话语为优势的话语平台。

1. 不断优化原平台

在移动互联网背景下，各大高校非常重视话语平台的管理与开发。依数据统计，2020 年，国内红色网站数量已超过 1000 个。但是就现状来看，部分移动互联网的平台建设还相对粗糙，浏览率较低，制作水平不佳，相关的管理与筛选马虎简单，内容晦涩，栏目设置缺少与大学生的有效互动。高校应当重视话语平台的优化，与时俱进，从结构、板式、内容、形式和互动反馈等方面进行改良和革新，切实发挥移动互联网的积极作用，进而帮助辅导员保障个人话语权，繁荣校园移动互联网文化。

2. 加强新平台的搭建

高校辅导员通过思想政治教育类的校园网站对外宣传，传递思想政治教育话语内容。因此，高校话语传播平台的搭建对于辅导员话语权的保障具有重要意义。高校要主动加强校园官方微信公众号、微博、QQ、BBS论坛等话语平台的建设，充分发挥平台的服务功能、凝聚功能、教育功能和引导功能。关于新平台的内容建设，高校要弘扬主旋律，选择“十九大专题”“师生面对面”等兼具先进文化以及主流价值观的话题。当然，新平台的建设还要努力使大学生加入话题的互动，切实达到寓教于用、寓教于乐的教育效果。当然，在依托学校官方平台的基础上，高校辅导员还需要结合学生常用的移动互联网软件，与新媒体的其他形式相互配合，更好地传播主流话语。

（四）加强大学生的话语接受

大学生的思想样态与行为表现是高校辅导员话语权有无实效性的最好体现，是大学生是否接受辅导员思想政治教育话语的直观表现。辅导员在思想政治教育过程中也要注意通过尊重学生的话语表达、规范学生的网络行为以及注重树立榜样典型等方式方法使自身话语权获得主导实效。

1. 更加尊重学生的话语表达

存在主义哲学家雅思贝尔斯曾指出，教育者不能无视学生的现实处境和精神状况，而认为自己比学生优越，可以对学生耳提面命，不与学生平等相待。移动互联网时代开放了话语权的行使环境，使话语平台变得更加便捷、自主，这对于当前自主意识比较强的大学生来说，客观上保证了自己话语权利的行使，自己可以随意对社会热点问题发表看法，参与当前的社会建设。作为辅导员，其要帮助学生在教育与自我教育的方法下，充分调动自身的主动性和积极性，引导其进行自我教育、自我管理、自我服务，努力提高自身的内在诉求。如果学生拒绝与辅导员、其他学生进行沟通交流，不积极学习，那么就不要再提及话语权利的行使了，这样不仅不利于其自身的进步，而且不利于社会主义核心价值观的传播。所以，辅导员要不断帮助学生发挥主观能动性，积极行使自身话语权利，参与到话语交流中。同时，辅导员要重视和尊重学生的话语权利，要改变传统师者话语霸权的状况，探索保障学生话语权利实现的有效途径。辅导员要以更加开放和包容的心态，为学生合理行使自己的话语权利创造机会和条件，允许不同思想、不同声音、不同表达的同时存在。

2. 不断规范学生的网络行为

目前，我国思想政治教育的内容对大学生移动互联网话语信息的甄别还不完善，大学生普遍缺少媒介素养。在纷繁复杂的移动互联网中，大学生无法分辨哪些话语信息是真实的，哪些话语信息是不真实的，大学生毕竟年纪尚轻，缺乏社会经验，容易陷入陷阱中。所以，辅导员要加强学生的媒介素养，重视学生在移动互联网中的道德和法律教育，从而规范学生在移动互联网中的行为。辅导员可以通过校园广播、报纸以及移动互联网的话语平台帮助学生了解更多的移动互联网的法律法规，提高学生的媒介素养，让学生明白哪些行为是明令禁止的，一旦触犯了法律会受到什么样的处罚。为了增强教育实效，辅导员可以通过一些反面事例来提醒教育学生，提高学生使用移动互联网的素养，使其可以自我约束在移动互联网上的行为。

3. 坚持注重树立榜样典型

传播学者拉扎斯菲尔德认为，“意见领袖”指在人际传播网络中，经常为他人提供意见、观点或建议，并对他人施加个人影响的人物。在高校思想政治教育中，这种“意见领袖”更多的是正向的“榜样典型”。在移动互联网背景下，高校更要注意培养学生中的榜样典型，这些榜样典型与学生关系密切，借助他们的力量，有助于进一步传播思想政治教育话语。高校培养“榜样典型”时要注意培养始终具有稳定的传播能量的用户以及由于某些特定因素或情境形成的偶然性权力中心。这说明，“榜样典型”不仅要有固定人选，而且还要高校不断挖掘新人，从而为辅导员思想政治教育话语权的发展贡献力量。

第五章　高校思想政治教育与学生管理工作的融合策略

新世纪的到来给教育提出了新的挑战。高校为应对新的挑战也应向学生管理工作者提出新的要求。为此，学生管理工作人员需要学会利用学生思想政治学科教学中的德育成果，在管理工作中加以强化，把高校思想政治学科教学和对学生的日常管理教育结合起来，从而更好地为学校的教育教学工作的开展进行服务，促进学生的健康发展。本章分为国外高校学生管理与思想政治教育融合研究概况、高校思想政治教育与学生管理工作存在的问题、高校思想政治教育与学生管理工作的融合优化策略三部分。主要内容包括高校学生组织管理存在不足之处、高校学生管理工作中缺乏民主平等意识等方面。

第一节　国外高校思想政治教育与学生管理融合研究概况

国外关于教育教学和实际生活的思想是源远流长、十分丰富的，而高校的学生管理工作本身就是关注学生的学习生活和身心发展状况的。

法国 18 世纪的卢梭是伟大的启蒙思想家、哲学家、教育家。他认为，教育的目的是引导孩子懂得如何生活的道理，教学的原则和要求是指向生活的实践效用的。在他看来，真正有用的知识需要在具体的生活中寻找。

美国的杜威是著名的哲学家和教育家，是实用主义哲学的创始人之一，是当时美国传统教育的变革者。在 19 世纪，美国流行的教育方式是殖民主义时期流传下来的旧式教育，再加上 19 世纪后期从德国传来的赫尔巴特式的教学方法，两者融合后形成的教育方法逐渐变得生硬、刻板，学校教育缺乏生机，且日益脱离社会生活，脱离学生的生活实际。他认为教育就是现在生活的经历和过程，最好的教育要从生活中探索，从实际经验中获得。

苏联著名的教育家苏霍姆林斯基认为，并不是学生的所有时间都放在学习上就是最好的，学生应该留下一些自己能够思考、支配的时间，这样才能更加愉悦地、自由地学习。真正的教育应该教会学生进行自我教育，帮助学生进行自主管理。学生在思想政治课堂上所接受的知识，只有在具体的学习生活中被实践，才能成为其人生奉行的准则。

瑞士心理学家和教育学家皮亚杰认为，儿童自我发展的需要使得他们的外部行为能力得到不断发展，思想就是内化的行动。教育就是帮助孩子实现自身的发展，使孩子在参加活动的过程中获得真实的认知，增加孩子的认识深度和广度。孩子在与同伴的交往过程中，通过不断的交流和沟通来获得有益于自身成长发展的知识，最终形成自己的独立人格，促进自身的个性发展。

第二节　高校思想政治教育与学生管理工作存在的问题

一、高校学生组织管理存在不足之处

（一）科层化管理结构与扁平化管理需求存在矛盾

我国高校学生组织管理为科层化管理结构。其主要包括三个管理层级：一是高层管理部门，即学校党委、行政，负责全面规划学生组织管理活动；二是中层管理部门，即学校各职能部门，负责对总规划进行方案细化、布置传达；三是基层管理部门，即各学院办公室，负责各项活动方案的执行与落实。在日常管理工作中，秩序井严的科层化管理结构具有稳定性与有序性，能够保证高校对学生组织的集中领导。但在高校“贴近学生，贴近生活，贴近实际”的教育管理要求下，科层化管理结构暴露出管理机制僵化、管理效率低下等问题，此时扁平化管理的呼声愈来愈高。减少层级，规范职责，加强沟通，及时高效地解决学生组织管理过程中的新情况、新问题已成为当前高校学生组织管理的发展趋势。高校学生组织管理结构的问题主要表现在以下几方面。

1. 组织管理规范化不足

第一，越权管理。在对政策掌握不充分的情况下，职能部门的决定会有一定的随意性，这会造成指令的混乱和矛盾，使得学院的各项工作无法顺利开展。

第二，低效管理。职能部门之间缺乏横向沟通，难以形成合力。有的职能部门注重对上、下级纵向的联系与沟通，但忽视与其他部门横向的交流；有的部门只顾着完成自己的任务，却忽视学校整体育人目标完成的效果。比如，关于学生班级的管理问题，教务处负责学生的第一课堂，确保教学、课程的有序开展；团委负责学生的第二课堂，确保校园文化活动、学生素质提高工作的顺利进行。教务处与团委关于学生班级管理的问题如果不能实现有效沟通，那么就会使学生班级处于混乱无序的状态，因为无论是第一课堂育人还是第二课堂育人，其效果都会大打折扣。

2. 组织管理扁平化不足

第一，管理机制僵化。传统的科层化组织管理结构强调层级的有序性与上级对下级的权威性。为了保障层级稳定，组织要求内部成员必须遵守组织的规章制度，并通过严格的程序来保证制度的实行。对于学生组织管理而言，这种管理机制较为僵化，缺乏创新活力，不利于学生组织的发展与变革，难以满足新时期学生组织发展的要求。学生是学校的主体，学校各项工作要紧密围绕“培养什么样的学生”“怎样培养学生”来开展。但在实际工作中，一些中层职能部门“口难进、事难办、脸难看”，对学生态度冷漠。

在科层化的管理结构中，组织资源集中在高层、中层管理层级，学生组织需要通过逐层申请、逐层报批才能获得相关资源。比如，某个学生社团想要申请某日在学校某场馆举办活动，那么其至少要提前一周向院团委提交申请，然后由院团委向主管该场馆的职能部门申请；该职能部门要在校长办公室确认下周学校会议安排后，才能确定场馆是否空出、能否给该社团使用。可见，一个社团要申请活动场馆，需通过学院—职能部门—校长办公室三个部门的逐层申请才能获批。其中任何一个环节出现问题，都会影响社团活动的顺利开展。

第二，组织创新不足。高校学生组织量大类多，每类学生组织都有自身的发展特点，如班级的建设任务是形成优良班风、团结凝聚学生、培养学生骨干；党支部的建设任务是培养发展党员、发挥党员的榜样引领作用；学生公寓的建设任务是营造良好的生活环境、构建和谐的人际关系。每类学生组织在建设管理过程中都会出现一些新情况、新问题，但科层化管理模式难以激发身处一线基层的管理者的积极性，对学生组织的最新情况也难以有及时的反馈、及时的应对，从而造成管理上的延误与缺失。任务层层下达的管理模式还会导致中层、基层管理者安于现状，被动地等待上级布置工作，缺乏创新热情与活力。

第三，组织协调不足。在科层管理结构中，各部门都有明确的隶属关系，纵向结构清晰，上下级关系明确。科层化管理结构有利于单一任务的布置与落实，但不利于各部门间的横向协调与合作。学生的组织管理工作纷繁复杂，涉及部门众多，需要各级各类管理部门的通力配合、相互协作。

在科层化管理结构下，各管理部门能够各司其职，完成自己职责范围内的工作，但对需要共同合作的工作其却存在各自为政、逃避责任的情况。比如，每年五四青年节前后是共青团活动开展得如火如荼的时期，也是学生期中考试阶段。在这个关键时期，学院要引导学生班级做好组织工作，既要鼓励学生参与活动、表达爱国热情，又要引导学生积极复习迎考。这就需要学校教务处与团委相互配合，共同商议，合理安排活动、考试的内容与时间。如果教务处只管考试、团委只管搞活动，那两个管理部门必然都无法获得预期的教育效果。

3. 组织管理沟通存在问题

第一，信息沟通渠道单一。高校学生组织管理沟通主要以层级间的信息传递为主，信息从上至下逐层下达，或由下至上逐层上报，传递方式单一。这种链式沟通方式有利于正式命令的传递与下达，但不利于基层信息的反馈与上传。逐层传递的信息沟通方式使同一管理层级之间以及相互间隔的管理层级之间缺乏沟通交流，不利于组织成员间的知识传递与情感沟通，不利于紧急信息的及时应对及处理。

第二，信息沟通准确性不高。一项研究表明，每经过一个中间环节，信息将会丢失 30% 左右……在经过五个层级以后，信息损失可达 80%。在当前高校学生组织管理科层化结构下，信息从高层管理部门发出，以逐层传递的方式，历经中层职能部门、基层管理部门，最终到达学生组织。这中间要经过三个层级。在这层层传递中，信息的准确性会受到削弱，甚至会出现中断、传递不到位的现象。信息上行也是如此，信息从学生组织发出，会被各层管理者有意或无意地过滤、筛选，最终到达高层的信息可信度会大打折扣。

第三，信息传递较为混乱。高校某一类学生组织往往涉及多个中层部门共同管理，政出多口，在一定程度上造成了信息传递的重复与混乱。比如，对于学生班级，学校教务处、学工处、团委都要履行管理职责；对于学生公寓，学工处、后勤处也要布置管理任务。在多头管理的状况下，每个管理部门都会向基层管理部门传达各自的指令，这会使基层管理者无所适从，进而影响管理行为的效果。

（二）一元性价值指导与多元化组织文化存在矛盾

高校学生组织类型多、数量多，学生组织文化也呈现出多元发展之势。大学生正处于人生观、价值观持续发展的阶段，理性思维尚未定型，所以其在认识事物、处理问题时情绪化色彩较重，缺乏对各种社会思潮、价值观念进行理性审视与道德批判的能力，因此学生组织文化还存在部分问题。

我国高校学生组织文化管理必须以社会主义核心价值观为指导，统领各类学生文化。高校只有坚持社会主义核心价值观的一元指导地位，坚持意识形态领域的统一领导，才能发挥学生组织的育人作用。当前，在学生党团组织、班级等正式组织中，学生组织价值观建设得到了普遍重视，社会主义核心价值观的一元指导地位也得到了管理者的确立与强化。

但在一些虚拟组织、社团组织以及其他非正式组织中，社会主义核心价值观与个别学生组织文化相冲突的问题仍然存在，一些学生组织成员受到社会不良风气的影响，产生了拜金主义、享乐主义等错误的价值观念，并影响了整个组织文化的健康发展。

1. 学生组织价值观建设现状

第一，多元化。组织的价值观是组织文化的核心，是组织成员一致认同的价值观念。随着当代大学生思想多元化、观念多元化的发展，高校学生组织的价值观也出现了多元化趋势，并伴有组织文化冲突的现象。同一名学生处于不同的组织中，不同的组织文化会给他带来不同的影响，这就引发了一系列问题：哪一个组织的影响更大？哪一个组织的价值观最能得到这名学生的认同？他（她）更愿意参与哪个组织的活动，并自认为是该组织的一员？如果不同组织的价值观都是积极向上的，那么组织文化就能包容互补，共同促进学生的发展；但如果有的组织的价值观是消极的或错误的，那其就会造成组织文化的矛盾与冲突，阻碍学生的发展。

第二，随意化。高校学生组织管理者对组织文化特别是组织价值观建设缺乏系统性与整体性。一方面表现为管理者对各类学生组织的重视程度不一样。学生组织中正式化程度高、意识形态建设要求高的组织普遍会得到关注，如学生党支部、团支部、班级等，这些组织在组织目标、组织制度、组织文化建设等方面都有明确的整体规划与具体方案；但一些管理者对规模小、成员跨院跨专业的学生组织不够重视，如宿舍、社团等。甚至有人片面地认为要提高学生的自我管理水平，就要放开手脚让学生组织自我管理、自我发展，结果导致一些学生组织脱离管理，以消极错误的价值观念影响学生。另一方面表现为学生组织价值观建设空洞化、务虚化，不切合学生组织实际。一些学生组织管理者不了解组织价值观建设的具体方法，在尚未掌握各类学生组织的发展特点与组织成员要求的情况下，就制定建设方案。这些方案往往在宏观层面表述多，在微观层面的具体实践较少，缺乏可操作性。

第三，表象化。高校管理者对各类学生组织的文化内涵与核心、价值观的挖掘及培育不够，组织文化建设呈现出表面活跃、实质涣散的现象。比如，目前高校学生会的任务往往局限于举办文艺活动、竞技比赛，而学生会本应承担的联系学生、传递信息，组织学生、促进学习，团结学生、解决困难等责任并未得到很好的体现。又如，学生公寓文化建设被宿舍卫生评比活动取代，学生公寓在营造融洽的生活环境、促进学生人际交往等方面的作用尚未得到重视。

2. 虚拟学生组织文化的特点

第一，组织边界弱化。虚拟学生组织打破了传统学生组织的边界限制，学生构成不再受学科专业等的约束，任何学生都可参加各类虚拟群体，如人人网、QQ 群、微博、BBS 社区等。组织成员构成的开放性与复杂性及基于网络媒介的虚拟性与弱规范性，使得组织价值观呈现出多元化特点。虚拟组织为各种价值观提供了展示的平台。其如同一个未加筛选的信息超市，里面有各种观念想法。其中既有爱国忧民、团结进取等积极观念，也有享乐主义、拜金主义等消极思想。

第二，信息沟通即时化。虚拟学生组织虽以虚拟网络为媒介，但组织成员信息沟通的内容均与现实生活联系紧密，是组织成员现实状态的折射与反映。随着手机网络的普及，组织成员信息沟通呈现即时化的特点，学生可在第一时间接收最新资讯并发表评论，随时随地与其他成员聊天，及时记录当下状态与心情。虚拟组织沟通媒介丰富多样，除传统文字外，还包括字符表情、图片、语音、视频等多种形式。“咆哮体”“甄嬛体”等幽默风趣的语言表述方式迅速流行，并产生了“囧”“呵呵”等网络用语，其皆生动形象、有声有色地表达了当代大学生的思想与情感。

第三，人际关系平等化。网络改变了信息沟通的单向线性模式，代之以全通道式的沟通模式。在组织内，信息可以自由共享，组织成员间不存在发布命令与接收信息的上下级纵向关系，有的只是地位平等的横向关系。在虚拟学生组织中，组织成员具有较强的自主性，可自主选择参与或退出组织，自己决定何时何地参加组织，自主塑造自己在组织中的形象与角色。

3. 学习型组织文化建设现状

第一，重行政管理，轻学术育人。高校作为一个组织机构，必然需要行政管理人员来开展管理工作，以维持组织的有序运行与发展；而作为一个教育组织，其也需要学术人员来开展教学科研活动，这就造成了高校行政权力与学术权力的分化。由于缺乏合理的资源配置模式与运作规范，所以高校行政权力与学术权力相冲突的状况时有发生。在学生组织管理过程中，负责学术活动的教师只管教书，而管理工作则完全由行政人员承担，一个组织两支队伍，由此就导致了教育与管理的分离，进而严重地阻碍了育人合力的形成。

由行政管理队伍承担的学生组织管理工作存在重行政管理、轻学术育人的局限性。一些管理者会采用行政化方式管理学生组织，将学生视为下级、管理对象，重视事务性工作的落实与完成，强调学生对组织命令的遵守与服从，而忽视学生的学习主体地位，缺乏对学生学习活动的指导与学习能力的培养。而专业学术教师时常在学生组织管理中严重缺位，除课堂管理外，很少有专业教师会参与到学生组织的管理活动中，这使得学生组织缺乏专业精神与学习氛围。

第二，重面上管理，轻个体关照。管理者常侧重于面上的统一管理，重视组织制度的执行与组织成员的行为规范，但缺乏对学生的个体辅导与情感关照。组织管理者经常忙于完成繁杂琐碎的具体事务，而未深入学生中，了解学生的思想动态与心理需求，这导致其管理工作浮于表面，不能落到实处。

大学生正处于追求个性的年龄阶段，对整齐划一的管理模式在心理上有排斥感。一些组织管理者的管理方式僵硬，对学生的批评多于鼓励，限制多于疏导，很少能认识到当代大学生心理需求的多样化、复杂化、独立化。有的学生认为管理者是在限制他们的自由发展，进而产生对立情绪与抵触行为。这样既不利于学生的个人发展，也不利于组织的建设。

第三，重现状管理，轻远景规划。高校学生组织与其他教育组织、企业组织的不同之处在于，它是有“寿命”的组织。一个学生实体组织如班级、党团支部、宿舍等，总是成立于学生入学，结束于学生毕业时。但学生组织又具有生命延续性，所谓“铁打的营盘，流水的兵”，学生虽然毕业，离开组织，但组织文化会通过一届一届学生间的沟通交流而得以延续传承，最终形成学院文化、学校文化。高校如果只看到学生组织的有限“寿命”，而看不到组织文化的传承性与生命力，那么就会导致管理上的思维受限。

一些管理者缺乏系统观念与创新思维，只关注当下，安于现状，只设定短期目标，而没有中期、长期规划，总是满足于解决现有问题，被动地完成各项具体事务，就事论事，完事了事。在这样的管理状态下，组织活动内容陈旧、形式单一，组织成员对组织的认同度与归属感较低，学生组织也缺乏生机活力。

（三）管理队伍素质水平与学生组织发展要求存在矛盾

管理者是组织的心脏，是管理职能与管理工作的直接承担者，其工作的好坏直接影响着组织的成败。管理者要具备一定的管理技能，包括认知技能、人际技能、技术技能等，要具备事业心、责任心、服务热情与合作意识。

"管理学之父"德鲁克认为，有效管理者要"重视对外的贡献""能明辨主次""学会善于做有效的决策"。高校学生组织管理队伍主要包括学校党政干部和共青团干部、辅导员和班主任。与企业管理者不同的是，高校学生组织管理者还承担着教育学生的重任，管理者的教育、管理水平直接影响着教育的效果，影响着学生的发展。

目前，我国高校学生组织管理队伍整体素质尚待提高，管理者的能力素质难以满足学生组织发展的需求。

1.管理队伍专业化水平不高

第一，专业化程度较低。一直以来，高校对学生组织管理者的专业资质并无明确要求，管理人员的专业基础与学历背景差别较大，哲学、教育学、管理学、心理学等学科专业出身的管理人员仅占一小部分。高校传统管理思想认为，管理岗位需要的是政治素质强、道德品质高、生活作风正的人，而在与管理相关的专业素质与能力方面要求较少。

从目前我国高校学生组织管理队伍的构成来看，大部分管理人员是留校毕业生，他们的专业背景又受所在高校学科发展的制约。特别是在理工类高校中，管理人员大多出身理工科，较少接受过与思想教育、教育管理相关的教育，这在很大程度上限制了管理者管理水平的提高。高校学生组织管理人员大多为非学生教育管理相关专业出身，所以在从事具体工作时，其往往缺乏科学的理论指导，经常凭经验办事，凭感觉办事，这严重地影响了管理育人的效果。

第二，专业化培训不够。离校学生组织管理队伍专业化培训存在三个误区：一是重视基层管理人员培训，而忽视中、高层管理者培训；二是重视短期培训，而忽视系统培训；三是重视集中培训，而忽视个体培训。一般高校都比较重视处于学生一线的辅导员、班主任等基层管理人员的培训，而忽视中层管理人员及高层管理者自身的培训。

有的高校领导认为，中、高层管理者已在长期工作中积累了丰富的工作经验，所以没有必要也没有时间接受培训。然而，学生组织管理工作是动态发展的，其管理过程必然会出现许多新问题、新情况。管理者如果自身缺乏科学的管理理念与动态发展的思维，那么管理活动是很难得到发展的。目前，高校组织的专业培训多以短期的强化为主，追求快速高效，缺乏基于管理人员现状分析基础的系统化培训机制，缺乏针对管理人员自身需求与工作要求的个体指导与培养。

第三，职业化发展不足。高校学生组织管理工作复杂烦琐，事务性较强。一些管理人员特别是基层管理者由于长期忙于具体事务，故看不到自身的工作价值，找不到职业满足感，进而就产生了工作上的倦怠情绪。有的高校对基层管理人员不够重视，使得其地位低、待遇低，有的人只求完成任务不出事，从而缺乏工作积极性与主动性。

高校学生组织管理工作职业化发展不足也与学科发展不足密切相关。与大学生思想政治教育密切相关的思想政治教育学科仍是一个年轻的学科，发展历史不长，而其中的分支学科——思想政治教育管理学还是一个新兴学科，其学科地位建设与理论范畴研究都处于起步阶段，故难以支撑学生组织管理工作的职业化发展。

2. 管理队伍全员化发展不足

第一，教书育人与管理育人的分离。高校人才培养首先表现为教师的教书育人。广大教师以学生班级、科研小组为单位，根据专业、学科要求为学生传授本专业的知识。专业教师的学识素养与人格魅力对学生具有重要的影响。

然而，在当前学术评价体系下，评判专业教师优劣的主要标准是科研成果的多少，而教师的师德风范、教学水平、授课能力等往往只是被空泛地用一些套话一带而过，从而缺乏考评细则，教师水平也难以分出高下。因此，当前高校人才培养出现了一个误区：教师以科研为本职工作，将教书视为副业，教书所应有的育人本质几乎被繁重的科研任务所取代。有些教师不认为学生是自己的，而认为是管理人员的；自己只负责上课，不负责育人；只负责教书，不负责管理。这形成了教书育人与管理育人两支队伍、两项职责严重分离的状况。

第二，管理育人与服务育人的分离。高校除教师队伍、管理队伍外，还有一支非常重要的教职工队伍——后勤服务队伍，他们从事着与学生实际生活密切相关的服务工作，如校园环境维护、宿舍设备维修、食堂管理、校园交通运输等。他们与学生联系紧密，工作效率、工作作风等都会对学生产生影响。

但在实际工作中，后勤服务人员也是被学校所忽视的群体，这主要体现在以下几方面：第一，这些教职工工资待遇不高、地位不高；第二，人员构成不稳定，临时人员流动大；第三，缺乏对相关人员的培训与指导。后勤服务人员的育人理念与服务意识均需进一步加强。个别后勤管理人员在工作中态度恶劣，语言粗暴，未认识到自己的教职工身份与服务学生、帮助学生、影响学生的工作性质，在学生教育管理中产生了诸多不良影响。

第三，学生自我管理的缺位。我国高校学生组织管理主要以行政管理方式为主，缺乏民主管理的氛围，学生组织缺乏自治能力。班级、学生会、党团组织等学生组织的自主管理制度尚未确立。学生总是以被管理者的身份参与到组织活动中，这导致其主动性不强、积极性不高。

以校园文化活动为例，“00后”的大学生中普遍存在“二八”现象，即20%的学生参加80%的活动，活动覆盖面不广，学生参与率不高，活动影响力不大。其根本原因是未能激发学生的自我管理意识，学生已习惯被动地接受各项组织命令，并习惯主动地排斥管理者的要求。管理者与学生、组织与个体之间形成了二元对立的格局，且缺乏沟通与融合。

二、高校学生管理工作缺乏民主平等意识

要想将高校思想政治教学与学生管理工作结合起来，就需要尊重学生的主体地位。部分教师缺乏民主意识，不能充分尊重学生的主体性，在工作中不能充分地听取大学生的意见和建议，忽视学生自身的潜能，使学生感受不到对自身的肯定和尊重。教师常常站在高人一等的角度，不相信学生的潜能和创造力，使学生感受不到人格和思想上的平等。

高校的学生正处于成长成熟的关键时期。从总体上来看，大部分学生思想政治状况是积极向上的，对是非好坏有着基本的认知能力，有着强烈的求知欲望，渴望实现自己的人生价值，对未来的人生发展充满着期许。但是在考试的强大压力下，学生身上也存在着一些值得关注的、不容忽视的问题，这表明学生在自我管理的过程中自我教育的能力有待进一步提升。

大学生从高中步入高校，首先感受到的是巨大的课业压力，而此时他们的学习自觉性和学习能力需要逐步地改变。对学习基础理论比较扎实、学习自觉性相对较高、学习能力相对较强、思想道德素养相对较好的学生来说，其能很

好地适应快节奏的高校生活，从而更好地投入学习中。而对自制力不强、自我管理能力不高的学生来说，其很容易在高校紧张的学习生活中产生不适应感，产生较强的失落感和挫败感，自信心不足，进而导致学习的积极性和主动性难以调动，对学习生活缺乏参与的热情，对前途感到迷茫。

一些学生在看到了理想和现实之间的巨大反差之后，加上对基本的思想政治理论的把握不充分，对深层次的政治问题的认识比较模糊，不能正确地理解和认识各种问题，常常感到困惑和迷茫，甚至错误地认为社会上某种问题的存在是思想政治教育工作的失误，从而对思想政治理论的宣传教育产生抵触心理，或者仅仅接受了课本上的理论知识，而没有从自身实际出发对其进行内化吸收。

随着社会主义市场经济的发展，社会现实也在发生着巨大的变化。社会的巨大变化不仅改变了人们的物质文化生活，而且改变了人们的精神文化生活。社会中的道德滑坡现象、西方的各种价值观、充斥网络的各种言论等对大学生的人生观、世界观和价值观产生了巨大的冲击。

一些大学生比较重视个人利益的实现，常常把关注点放在与自身息息相关的事情上，过于强调与自身利益相关的现实目标的实现，而对集体的生活漠不关心，缺乏社会责任感，不关心国家大事和时政新闻，注重眼前利益，过于注重谋求自我的发展，具有明显的个人功利主义的倾向。在日益激烈的竞争压力下，大学生的心理问题日渐突出，自我控制能力缺乏，对现实容易产生挫败感，这些都不利于其身心的健康发展。

这种学生素质参差不齐的状况会使教师不自觉地忽略学生自身的潜力和创造力，对学生的自我管理和自我教育能力持怀疑态度，无法把学生和自己放在平等的位置上。不能充分地尊重学生的主体性，缺乏民主意识和平等意识，最终使得教育教学工作的实际效果不佳。

三、思想政治教育课程流于理论，缺乏创新，难以形成教育合力

思想政治教育这一学科偏向理论研究，对实践关照不够。以高校为例，思想政治教育专业出身的教师一般会从事思想政治理论课的教学，注重课程教学、学科理论等方面的研究，很难看到学生日常教育管理中存在的实际问题；而从事学生工作的党政干部、辅导员等，又缺乏思想政治教育理论的指导，难以从理论的层面去分析问题、解决问题。这导致大学生思想政治教育理论研究与实

践活动的脱离。思想政治教育学科的理论发展与实际需求都呼唤思想政治教育学能以多学科的视野加强学科发展。

高校教师在繁重的工作压力下，难免会将重心放在各自的工作领域，从而缺乏合作意识和创新意识。思想政治课任课教师很少主动参与到学生的管理工作之中，学生管理人员在工作中也很少会借助学生已学学科知识的力量来开展学生管理工作，二者缺乏合作意识和借力意识，无法形成教育合力，不能正确地引导学生进行知识的迁移。

高校思想政治课教师与学生的接触十分频繁，对学生的健康发展具有重要意义。但当前的学生管理工作未能有效地与思想政治课教师的教育连接起来。很多时候任课教师只负责教学，而学生管理多依赖于班主任和管理人员，这种模式不能充分调动各方面的积极性，无法促进教育合力的形成，使得各方之间缺少有效合作。在社会飞速发展的时代背景下，教师缺乏合作意识和创新精神，很难科学地指导学生提高创新能力。教师不努力创新教育教学工作的方式方法，是很难取得教育教学工作的突破性进展的。

四、思想政治教育课程缺乏明确的目标及针对性

在目前高校的思想政治教育工作中，现有的课程和学生思想道德观念不相符，使得教学效果并不理想。主要原因是一些教师习惯了强制性的教学模式，采用“灌输式”的教学方式进行知识理论的灌输，缺乏明确的目标及针对性。

在进行课程改革之前，大多数的高校都没有形成对思想政治教育的正确认识，且缺乏合理的教育方式和教育目的，这就导致学生在理解上有一定的难度，而且还只能被动地接受相关知识。

第三节 高校思想政治教育与学生管理工作融合的优化策略

一、提升专业素养

高校思想政治课教学具有培养学生思想道德品质的重要作用。高校应对学生进行德育教育，同时还要教学生正确认识社会现象的方法，使之学会辩证地看待事物，对其心理进行合理的疏导，引导其提高自己的科学文化素养和思想

道德素养，使之可以追求更高层次的思想道德目标。学生管理工作的核心是关爱学生，用爱心管理和教育学生，用爱心去全面地帮助学生，理解学生在学习生活中和成长过程中所面临的烦恼，帮助他们解决困难、摆脱困境，清除他们成长过程中遇到的阻碍，使他们从内心真正地信任教师、亲近教师，愿意在人生道路上听从教师的指引和开导，使他们能够亲其师从其行。

新时期教师的主要职责不再只是传递知识，而是越来越多地激励学生进行思考，提高学生的学习能力。教师开始成为一个引导者，一个课堂的参与者，不再是直观地告诉学生什么是正确的理论，而是引导学生去探索发现问题，结合实际分析问题，并且尝试自己解决问题。

教师要让学生明白学习不是知识的简单接受，而是从中学习适应社会生活的能力，以生活实际为依托，更好地理解和感悟生活。学生是有自由思想的个体，是未来社会主义事业的建设者和接班人，是教育教学活动的主体。教师要尊重学生的独立性，成为学生学习的合作伙伴而不是施威者，这就需要高校加强教育教学工作队伍的建设，建设一支结构合理、专业素质高的教师队伍。

教育就是育人。教师要想得到学生的认可，首先自身要拥有较高的专业素养，拥有良好的科学文化素养和思想道德素养，学高为师，身正为范。思想政治任课教师要提高对自身的职业道德要求，对学生言传身教。学生管理工作者在与学生的相处中，要以身为教，用自己良好的道德品质对学生进行感染教育，以严格的行为规范对学生进行示范教育，在潜移默化中对学生的思想和行为产生影响，这些实际行动往往比口头说教更加具有说服力，也更能让学生信服。

比如，关于高校学生吸烟问题，教师如果自己就满身烟气，那么再多的说教学生也会不以为然。教师如果以身作则，用自身行为影响学生，那么或许还能获得学生的信服。

二、遵循教导合一

马克思主义理论要求我们要用理论联系实践。思想政治课程的理论知识如果不与学生的实际生活相结合，那么会让学生产生假大空的感觉，不能理解思想政治课程的现实教育意义，从而逐渐失去学习的积极性和主动性。在思想政治课堂教学过程中，教师需要经常联系学生的生活实际来说明课本上的理论知识，而学生最贴近的实际生活就是在学校接受的管理和教育。所以其应用思想政治理论知识去引导学生的日常行为，在学生管理工作中进行实践，使学生真切地感受到思想政治课程教育的现实意义。

目前，受传统教育模式的影响，思想政治课程的实际教学效果并未得到学生的普遍认可。从学生方面来说，传统课堂的单一灌输模式使学生感觉思想政治课程就是理论说教，讲大道理，学了之后在实际生活中也没有多大意义，这样就很难激发学生学习的兴趣和热情。从教师方面来说，基于高校教育的特殊性，为了完成相应的教学任务，在一堂课上教师常常会从头讲到尾，这样会给学生一种照本宣科、枯燥乏味的感觉。

然而，思想政治理论教育对高校学生来说是十分必要的，要改变这种困局，教师就必须让理论生动起来，主动挖掘经典理论与日常学习生活的联系。把思想政治教学与学生管理工作结合起来，将课本上的理论知识用一种深入浅出的方式表达出来，使学生能够认识到学习理论知识不仅是为了获得较好的考试成绩，还是为了真正及时地解决自己学习生活中的困惑，培养自身的思维能力和判断能力。

在整个教育教学过程中，教师要使学生愿意积极主动地学习，充满热情地参与活动，能够主动探索、主动思考；要培养学生学习的自觉性、主动性，提高学生的学习能力，最大限度地激发学生的发展潜力；要充分体现学生的主体性地位，发挥教师的主导作用。如此，学生在以后的人生发展中，面对时代和社会的巨大变化，才不会在社会实际生活中轻易地动摇自己已经形成的价值观念，才会有能力用所学到的理论知识指导生活实践，用所接受的正确的世界观、人生观和价值观对遇到的问题进行分析辨别，从而解决问题，走出困境。

三、互动交流沟通

课堂教学活动不应是教师单一方面的讲授活动，而应该是师生交流互动、共同发展的一个过程。学生管理工作也不应该是教师对学生进行制度约束管理的过程，而应该是师生共同分享理解的一个过程。教育教学工作从某种意义上来说就是交往，随着时代的发展、网络信息技术的普及，学生在心理和生理上逐渐成熟，对教师各方面的需求增加了，更加关注自我价值的实现。

高校学生在交往上渴望得到别人的理解，但可能很少会主动地去理解别人，特别是在处理与教师的关系方面，还有很多方面尚不成熟。作为高校教育教学工作者，不管是思想政治任课教师还是学生管理工作者，在平时的工作中都应该指导学生学会理解他人，学会理解教师，明白教师与学生在人格上的平等关系，理解教师工作的难处。

在班级生活中，当学生之间出现摩擦或分歧时，教师要耐心地对其进行疏导教育，要让学生懂得人非圣贤孰能无过，人与人之间产生矛盾冲突在所难免。如果冲突涉及原则性的问题，那么要明辨是非，坚持正确的处事方式，如果冲突不涉及原则性的问题，则要明白退一步海阔天空，不能一味地争强好胜，认为自己有理就得理不饶人，据理力争，毫不退让，不能冷静理性地处理问题，这样会给对方以及周围的人带来不可挽回的后果。

解决矛盾冲突应该理性地处理，双方应设身处地地进行思考，心理换位，理解对方的心理状态，减少误会的发生，发现自身的问题后主动认错，礼貌交流，在此基础上，认识到自身的不足，从而获得心理上的平衡和宁静。教师要注重与学生的平等交流，不能站在至高点上立权威，要在教育教学过程中与学生教学相长，增加双方交流沟通的深度和广度，促进师生之间的共同发展。

四、坚持以人为本

科学发展观的核心立场是以人为本，在高校思想政治教学活动中，教师要将以学科知识教学为主转变为以学生的全面发展为主，在教学过程中，不仅要遵循学科知识的发展规律、体现学科知识教学的特点，还要坚持注重学生的全面发展，以人为本，构建适合学生发展的思想政治课堂教学模式，将学生作为课堂教学活动的主体，尊重学生的主体性地位，在教学过程中对学生进行一定的指导。

在传统的教学中，思想政治课堂教学很多时候会给学生直接提供所有问题的答案，让学生直接接受真理教育，这种方式使教师成为课堂的主宰，学生的主体性会受到很大程度的限制。高校思想政治课程教学不同于其他的学科知识教学，最重要的任务是在对学生进行知识教育的同时，还要对学生进行思想政治教育，让学生在学习过程中形成探索发现实际生活中的各种问题的能力，分析产生问题的原因并且获得解决实际生活问题的能力。

教师在进行思想政治教学时，要密切关注我国现代化建设的实际发展，关注国际关系的变化，结合学生的实际生活变化不断调整教学的内容和素材，把思想问题和解决实际生活问题密切联系起来，摆事实讲道理，以理论教育学生，同时通过案例教学，加深学生对重大现实问题的研究，鼓励其将心得体会应用于日常学习生活之中，从而提高教学的理论化深度，增强理论学习的现实感和针对性，提高思想政治课程学习的实效性。思想政治教学效果的评价不能仅仅依靠考试，当前的考核评价方式大多注重分数，反而忽视了学生的能力、思想素质以及行为表现，只注重学生答题答案的客观性，而较少涉及学生的能力和创新力，考核的结果最终成了数字的堆砌。

虽然考试是检验教学效果和评价教学质量的重要方法，但是思想政治课程与其他课程相比有特殊性，其更重要的目标在于对学生进行思想道德素质方面的教育，尊重学生的主体地位，促进学生全面健康的发展。学生管理工作的成效也无法用考试成绩来衡量。在考核评价方面上，最终的评价结果不应仅仅追求一个结果，而应该追求学生在成长发展中的各方面进步。

坚持以人为本的理念，应侧重于对学生的综合素质进行评价，应注重考核方式的多样化，如引入日常作业评价、出勤考核、行为规范考核等多种形式，对学生的考察应从书本知识引导到实际的思想道德修养和素质上来，更多地注重提高学生品德、能力方面的素质，促进学生的全面发展。

五、坚持与时俱进

创新是民族不断获取进步的灵魂，是国家兴旺繁荣的不竭动力。在当今这个知识经济飞速发展的社会，不断创新才能不断获得发展进步。素质教育的发展给高校教育教学工作提出了新的挑战。教师要在思想政治教学工作和学生管理工作中不断培养自身的创新精神，培养学生的创新能力，创新教育教学工作的方式方法，与时俱进，从而不断取得突破性的进展。

随着网络信息技术的发展，教师在思想政治教学和学生管理工作中，可以充分利用多媒体技术搜集材料，帮助自身提升教育教学能力，增加教育教学内容的吸引力。在教学过程中运用多元化，开放式的图片、声音和视频等多媒体素材，把课本中抽象的思想政治理论知识变成具体化的情景模式，使知识更加形象化、生动化，直观地向学生展示学习内容，从而更好地帮助学生理解新旧知识之间的联系，自主完成知识体系的建构，提高课堂效率。学生管理工作者也可以充分利用网络、电视、电影等，精选案例，在学生管理工作中对学生进行感染教育，建立学生的内心世界，使学生产生共鸣，提高学生对主流价值观的认同感，从而愿意服从教师的管理，实现师生间的和谐共处。

青少年一代是当今网络文化的主体。网络文化给他们的交往方式、思维方式、行为方式和价值观念等带来了巨大的冲击，而良莠不齐的网络文化也给学生的思想政治教育活动带来了新的机遇和挑战。大学阶段是学生成长发展的关键期，从事高校教育教学的工作者要善于顺应时代的潮流，建设拥有大学特色的教育资源网络平台，转变传统的教育教学方式。

思想政治任课教师可以利用网络资源的优势，建设思想政治教育专题网站，开设具有时代性和吸引力的栏目，上传一些优秀的、和思想政治教育有关的专题讲座视频供学生自主学习。学生管理工作者也可以利用这些网络平台设立在线论坛、群聊平台和电子邮箱等，以方便及时发现发生在学生学习生活中的问题，使教师和学生之间能够实现实时有效的交流和沟通。

网络平台特有的自由性和开放性，使学生少了很多的顾虑，其可以各抒己见，畅所欲言，表达自己内心真实的想法。这些可以使教师及时了解学生的思想道德状况和思想变化情况，在进行教育教学工作时可以做到有的放矢，从而提高工作效率。

充分利用网络技术的优势，可以突破时空的限制，使传统的相对封闭的教育场所和教育方式变得开放化、立体化，加深师生之间的交流，使教育教学工作者可以更加及时地了解学生的各种需要和思想动态，丰富思想政治教育工作的形式和内容，使教育教学活动更加生动活泼，提高教育教学活动的影响力和感染力，使其更加符合时代发展的要求。

六、创新教师传统观念

学生的思想政治素养是学生学习的动力，是引导学生正确行动的指南。在教学过程中，教师只有重视学生的思想政治教育，加强学生独立思考能力的培养，才能使学生提高自主学习的能力，从而获得很好的教育效果。所以，在高校管理工作的教学过程中，教师应积极响应新课改的制度，改善传统的教育方式和教育理念，将传统只为应付考试的管理工作教学目标变成培养学生德智体美劳综合发展。教师应注重学生综合素质的提高，将学生视为发展中的人，具有独立思想意识的人。在学生思想教育方面，教师要端正教育心态，尊重学生的思想观念，明确学生思想建设的教育目标，有的放矢地对学生进行思想教育。

七、推进实际管理工作教学

在课程改革制度的实施过程中，学生的思想政治教育是非常重要的教育内容，关系学生日常生活的很多方面，也关乎高校学生性格的培养和良好品格的建立。因此，加大学生思想政治教育的培训力度，结合现实生活中管理工作的内容，对学生进行思想政治教育，让学生在实现全面发展的同时有效提升管理工作的能力，也是现代教育改革制度的主要理念。

在高校思想政治教学课程中，教师应该改变传统的教学方式，通过创设现实生活中管理工作的场景来设计更直观易懂的教学思路，让本来比较枯燥乏味的思想政治教学活动变得生动有趣，这样不仅增加了学生的学习兴趣，而且也使得学生对思想政治的理解更加形象具体，可以让学生充分了解具体的政治方向，从而树立正确的思想观念。

此外，教师结合实际生活，创设生活中管理工作的场景，可以将一些比较抽象或者难以理解的知识点直观地表达出来，可以让学生更加具体地知道基于思想政治理念的正确做法，以便在以后的日常生活中，遇到类似的情形，可以做出正确的判断。

例如，在课堂上，若没有形成良好的班级纪律，学生就会出现懒散、对学习没有参与性与积极性的状况。而有效的思想政治教育和管理工作的结合可以避免此类现象的出现，两者之间相互作用产生的最佳的教学效果，可以使教学更具针对性，从而有利于实现良好的教学目标。

八、提高学生的整体素养

高校在开展管理工作教学活动时，应该充分重视学生整体素养的提升，让学生不仅拥有较强的管理工作能力，而且在社会中也有良好的发展前景。同时学校也要加强学生的思想政治教育，培养学生全面发展的能力，使之努力成为当前社会需要的综合性人才。例如，学校可以开展一些关于提高综合素养的讲座，让学生能够在今后的学习和生活中变得更加积极和自信，有能力和信心面对生活中出现的各种困难。

此外，学校也应该注重学生奉献精神的培养，通过开展一些“敬老服务”“爱心传递”以及“社区服务”等有意义的活动，鼓励学生积极参与其中并在活动过程中感受帮助他人的成就感和满足感，从而增加学生帮助他人、关爱他人的兴趣，提高学生在生活中乐于奉献的思想政治觉悟，使学生逐渐形成服务社会、乐于助人的高尚思想品德，为学生以后在社会上的良好发展奠定基础。

九、丰富思想政治教育形式

在我国高校的教育发展过程中，思想政治教育的形式往往缺乏创新，并且过于单一，教育内容枯燥乏味，并不能引起学生的学习兴趣。对于这种情况，高校应进行反思，主动拓宽思想政治教育形式，加强对知识和道德的重视。在课堂教学过程中，教师要将爱国主义和人格教育结合起来，在学生学习不同课程时，结合学生所学内容对学生进行关于这方面的正确引导。例如，在学生进行计算机课程的学习时，教师可以先让学生对信息革命进行了解，然后让学生了解信息革命与社会有着怎样的联系，带来了哪些影响，逐渐引导学生进行更加深入的了解和学习，这在无形之中将思想政治教育教授给了学生，帮助了其将所学知识进行有效的吸收。

第六章 思想政治理论课一体化建设思考

大中小学思想政治理论课一体化是习近平亲自谋划的思想政治理论课教学一体化建设的战略决策。推进大中小学思想政治理论课一体化建设是落实党的教育方针，加强高校文化育人，提升思想政治理论课程全程育人、全方位育人的必由之路。本章分为思想政治理论课一体化建设研究现状、思想政治理论课一体化建设策略两部分。主要内容包括思想政治理论课一体化建设的内涵、思想政治理论课一体化建设的理论指导、思想政治理论课一体化建设的重要意义、思想政治理论课一体化建设的基本原则以及思想政治理论课一体化建设应该处理好的几对关系等方面。

第一节 思想政治理论课一体化建设研究现状

一、思想政治理论课一体化建设的内涵

（一）目标维度

整体规划和综合考察大中小学思想政治理论课课程目标，是一体化建设顺利推进和提高各学段思想政治理论课实效性的重要保证，具有导向作用。

在人成长的一般规律下，每个学段的学生都有着特殊的特征，认识、理解能力和社会化程度存在较大差异。各学段的思想政治理论课应该根据学生在不同年龄阶段的认识、情感、意志和行为等方面的特征设定可以达到的目标，确立培养方向。小学阶段是个人知识储备和认识社会的开端，也是道德情感的初步发展阶段。该阶段主要强调个人良好行为习惯和品德的形成，开设思想政治理论课的主要目标在于“启蒙道德情感”。中学阶段又分为前期的初中阶段和后期的高中阶段，与小学阶段是一个“承前”的关系。该阶段学生已经有了对

社会初步认识的基础，是从认识社会到参与或适应社会的阶段。这一阶段在于进一步深化小学的教育成果：初中阶段旨在“打牢思想基础”，引导学生形成社会成员的意识，积极参与社会实践；高中阶段旨在“提升政治素养”，在观念上加强学生的公民道德素质，引导学生形成社会主义的政治认同。大学阶段是个人个性日趋成熟的阶段，情感、意志等性格特征逐渐稳定，但由于环境的变化其还会处于动态的调整过程中。该阶段旨在增强学生的责任感，在提高学生的思想素质的基础上，培养学生的知行合一，使其可以利用所学知识为社会主义建设贡献力量。

（二）内容维度

思想政治理论课是对学生的政治、道德、思想等发挥重要影响作用的课程，课程内容是其发挥教育功能的核心，也是实现课程目标的载体。学校思想政治理论课内容均是在习近平新时代中国特色社会主义思想的指导下，以培养学生的道德修养、法治意识为重点，系统进行马克思主义理论教育和中国特色社会主义教育，具有较强的理论性、学科性和政治性。课程内容既包括根据所在学段的课程标准进行编制的教学用书的内容，也包括基于地区特色、教师和学生的实际呈现出来的教学内容。为增强思想政治理论课的针对性，不同学段的思想政治理论课程、同一学段的不同课程在保证内容完整性的同时，还要避免简单重复、脱节或缺失的问题。思想政治理论课内容要遵循学生成长过程中呈现的认知发展规律、品德形成规律，内容的设计和传授的广度与深度应取决于不同学段受教育者的认知特征和接受能力。所以，根据学生认知的发展规律，课程内容建设需要连贯，需要体现阶段性和层次性，要与“最近发展区”理论相吻合。同时，其上一学段为基础和铺垫，下一学段为拓展和延伸，呈现出由浅入深、由易到难、前后相承、螺旋上升的科学内容体系。这也是思想政治理论课一体化体现在内容维度上的实质。

二、思想政治理论课一体化建设的理论指导

思想政治理论课一体化建设，尤其强调要将学校德育的核心作用在学校思想政治理论课中凸显出来，切实体现社会主义核心价值观在整个社会中的核心地位。思想政治理论课一体化建设的理论指导主要有以下几点。

（一）必须将人的全面发展作为起点和终点

经过长期的艰辛探索，新时代的教育革新已处于深水区，明显特点是人

们对教育的追求已从接受普通教育转化为追求更高层次的教育，这就要求教育必须满足人的内在需求和外在需要，将实现人的全面发展作为立德树人的最终目的。国家应规划好大中小学思想政治理论课一体化理论体系，体现其应有的效应。

（二）必须遵从马克思主义理论

实施大中小学思想政治理论课一体化建设，需要做到以下几点：第一，必须遵循唯物辩证法的逻辑结构，把握立德树人总目标和学校思想政治理论课的内在联系、规律，处理好知识传授和价值引领的本质关系。针对这种情况，国家不仅要抓好学校思想政治理论课的课堂教学，而且还要大力挖掘学校思想政治理论课中蕴含的德育内容，切实引导好大学生树立正确的价值理念。第二，要灵活应用马克思主义矛盾观推动大中小学思想政治理论课一体化建设。由于大中小学各个阶段学生的年龄不同，学科体系各不相同，所以学校思想政治理论课教师应根据学生的实际年龄和认知水平循序渐进地开展思想政治理论课和德育课程。其既要考虑特殊性，又要充分尊重普遍性，以思想政治理论课彰显其应有的价值。

（三）必须将习近平新时代中国特色社会主义思想作为主要内容

中国特色社会主义理论体系是马克思主义与现代中国实情相融合的产物，是新时代的马克思主义。实施大中小学思想政治理论课一体化建设，就必须坚持中国特色社会主义理论体系，把习近平新时代中国特色社会主义思想作为核心内容，循序渐进地开展好学校思想政治理论课。

三、思想政治理论课一体化建设的必要性

（一）全面贯彻执行党的教育方针的需要

教育要培养德智体美劳全面发展的社会主义事业建设者和接班人，为新时代中国特色社会主义道路的健康发展奠定思想基础。但是，实践中确实存在课堂教学效果还需提升、教材内容不够鲜活、一体化建设需要深化等问题，影响着思想政治理论课课程教学效果的充分发挥。为解决此问题，党在充分调研的基础上，针对当前思想政治教育发展的关键问题，制定了一系列方针政策。其强调加强思想品德教育，遵循不同年龄阶段的道德认知规律，结合基础教育、职业教育、高等教育的不同特点，把社会主义核心价值观和道德规范有效地传授给学生。大力推动大中小学思想政治理论课课程一体化建设，就是要通过系

统化的机制设计，在思想政治理论课课程教学过程中根据不同学段学生的特点，有针对性地实现思想政治理论课教学目标、内容和方法的循序渐进，从而将党的教育方针政策落到实处，保障党的事业健康发展。

（二）基于思想政治理论课课程目标逻辑统一的需要

思想政治理论课是一个从小学、中学到大学前后相继的层次系统。不同学段的课程教学，既有内在的衔接，又彼此相对独立。在总的目标体系下，有着阶段性的目标特点。所谓大中小学思想政治理论课课程一体化，指各个学段在立德树人的根本目标下，根据各个学段的具体特点和教育教学的规律，总体设计教学任务，强调不同学段教学内容的科学布局和有效衔接，各自“守好一段渠”，建构有机融合、协调共进的思想政治理论课课程教学共同体。

大中小学思想政治理论课课程教学的目标体系，包括贯穿整个教育过程的总体目标、学段教学目标和年级教学目标三个层次，在教育的过程中有着不同的侧重点，对教学方法的要求也各不相同。总体的思想政治教育教学目标贯穿于学校思想政治理论课教学的全过程，决定着各个学段和年级的具体教学目标。当前我国学校思想政治理论课课程教学的总体目标就是要落实立德树人根本任务，解决好培养什么人、怎样培养人、为谁培养人这几个根本问题，努力培养能担当民族复兴大任的时代新人，培养德智体美劳全面发展的社会主义建设者和接班人。与此同时，不同学段、年级的学生，知识积累和认知能力有较大差异，在不同的成长阶段需要设置不同的思想政治理论课课程教学目标。大中小学思想政治理论课课程一体化建设要将这个总体目标贯穿于各个不同学段、年级的层次目标之中，建设依序递进、衔接流畅的教学目标有机体，引导各个具体学段的教学目标，保障其不偏离总体方向。

（三）基于学生认知规律的教学实效性提升需要

列宁指出，“人的认识不是直线（也就是说不是沿着直线进行的），而是无限地近似于一串圆圈，近似于螺旋的曲线”。思想政治理论课课程教学遵循这种螺旋式上升的认识规律，在大中小学的不同阶段，都可能涉及总体上一致的教学目标，如爱国、爱党、爱社会主义等。但在不同学段的教学过程中，教师需要服从与服务于社会发展的规律、思想品德形成发展的规律，针对不同学段学生的特点，调整教学的侧重点，选择教学对象容易接受的内容作为教学切入点，遵循认知的循序渐进规律，彰显知识积累的量变质变规律，从而提升思想政治理论课课程教学的实效性，让思想政治理论课课程教学内容在学生中“内化于心、外化于行”。

小学生知识基础较为薄弱，对理论的理解和分析能力不足，但感性认知能力强，适合形象化的思维方式。教师在教学时要多讲具有感染力的故事，多谈身边的好人好事，带领学生多看革命纪念馆等，引导学生融入情境，培养其道德情感。同时，学校可以通过校园志愿活动等来培养学生良好的行为习惯，在行动中培养其价值认同。初中生有一定的知识积累和理论思维能力，但认知在总体上依然受情感支配。这个阶段的学生开始思考人生的价值与意义，能够明确个体与集体的关系。在该阶段，思想政治理论课课程教学依然以感性和形象化的认知与理解方式为主，但要有意识地引导学生学习相关历史知识，分析现象背后的规律。高中生有了更多的知识积累和更强的理性思维能力，对社会、人生的实践感受也相对丰富，重视认识过程中的主体性和独立性，但面对一些现实问题时缺乏成熟稳定的思考。该阶段的思想政治理论课课程教学要承上启下，前面关照义务教育阶段的思想政治理论课课程内容，后面衔接大学思想政治理论课课程教学，重点是打牢学生的思想基础。教师要调研学生的思想困惑，不回避社会现实问题，引导学生由具体到抽象、由浅入深地进行分析思考。大学生思想较为成熟，具备较强的理性思考能力。大学思想政治理论课课程教学要重视理论学习，用革命的历史观照现实，用严密的逻辑说服学生，用真理的力量感染学生，强化学生投身中国特色社会主义事业建设的使命担当意识。

四、思想政治理论课一体化建设的重要意义

（一）有利于提高新时代人才培养质量

在党的十九大上，习近平明确指出，到21世纪中叶，把我国建成富强、民主、文明、和谐、美丽的社会主义现代化强国。我国要如期实现我国的战略目标，实现中华民族伟大复兴的中国梦，就需要依靠具有扎实马克思主义理论基础和良好思想政治素质的人才。在新时代，推进大中小学一体化建设具有提高人才培养质量、为我国发展输送人才的重要意义。学校思想政治理论课具有鲜明的思想性、浓厚的政治性和深厚的理论性，对学生进行政治引导和价值引领，能够提高学生的思想境界、政治素养和理论水平。

第一，思想政治理论课鲜明的思想性能够提升新时代人才的思想境界。学校思想政治理论课具有鲜明的思想性，这是思想政治理论课的特点之一，是思想政治理论课的优势，也是促进学生提升思想境界、强化精神动力的主要途径。这一优势是其他课程无法替代的。在新时代，大中小学思想政治理论课建设一体化使得思想政治理论课的思想性得以一体化，通过学校思想政治理论课的引

导，学生的思想境界得以提升、精神力量得以强化，提升了人才培养质量，为实现我国在各个阶段、各个方面的战略目标培养了具有重要思想素质的人才。

第二，思想政治理论课浓厚的政治性能够强化新时代人才的政治素养。思想政治理论课的内容丰富，具有浓厚的政治性，对于强化新时代学生的政治素养具有重要意义。当前，学校思想政治理论课承担着教育学生学习习近平新时代中国特色社会主义思想的重要任务。学生在学习的过程中能够深刻了解当前我国的国情、党情，了解在当前阶段我国社会主义事业的总目标、总布局等问题，能够使学生在学习中收获知识、提升自身的政治素养。

第三，思想政治理论课深厚的理论性能够提高新时代人才的理论水平。新时代大中小学思想政治理论课一体化建设，以其深厚的理论性切实提升了学生的理论功底。同时，新时代大中小学思想政治理论课一体化建设还注重不同学段教育内容的层次性和衔接性，遵循了学生的身心特点和发展规律，能够真正提高学生的理论水平，符合新时代对人才的要求。

（二）有利于创新新时代教育理念

新的时代需要新的人才，新人才的培养需要新的理念，教育理念也需要随着时代的进步而更新。学生的成长是连贯的，新时代人才培养的理念也应该与此相适应，大中小学思想政治理论课建设也应注重层次性、递进性、衔接性和整体性，力避各个学段相互分离甚至背离的问题，创新教育的科学理念，树立与新时代相适应的教育理念。

第一，新时代大中小学思想政治理论课一体化建设促进了新时代教育理念对教育层次性和递进性的侧重。在以往的思想政治理论课中，大中小学思想政治理论课往往是彼此分离的，虽然小学阶段的思想政治理论课侧重于从学生的生活实际入手，主要培养学生的情感、道德和习惯，中学阶段的思想政治课注重提高学生的政治素养和道德水平，大学阶段的突出理论素养的提升，但是其层次性和递进性不强，连贯性也有所欠缺。新时代大中小学思想政治理论课一体化建设，突破了以往传统的教育理念，更加注重教育的层次性和递进性，将大中小学思想政治理论课作为一个整体来看待，创新了新时代整体性的教育理念。

第二，新时代大中小学思想政治理论课一体化建设促进了新时代教育理念对教育衔接性的关注。思想政治理论课建设在侧重大中小学分段教育，层次分明、层级递进的同时，还需要在教育理念上注重各个学段之间的衔接性，即小学与中学的衔接、中学与大学的衔接，注重各个阶段之间的衔接和沟通，不让学校思想政治理论课出现“断层”。新时代大中小学思想政治理论课一体化建设使得新时代的教育理念更加关注教育的衔接性，促进了传统教育理念的更新，提升了学校思想政治理论课的有效性。

第三，新时代大中小学思想政治理论课一体化建设促进了新时代教育理念对教育整体性的突出。新时代思想政治理论课的教育理念，无论是注重层次性、递进性还是衔接性，都是基于整体性的视角建设思想政治理论课的。思想政治理论课一体化建设要求学校要在大中小学的各个学段中对思想政治理论课做出整体视角的规划和建设，创新新时代的教育理念，这些引发了教育理念对整体性的关注，使得思想政治理论课建设更科学、更高效，对于发展新时代的教育理念具有重要推动作用。

（三）有利于探索新时代教育模式

人才的培养模式需要根据时代的进步和实践的发展而更新。新时代大中小学思想政治理论课一体化建设是培养新时代人才的重要途径，学校思想政治理论课的一体化建设是新时代教育模式的探索，能够有效提高学生的思想道德素质、提高学校思想政治理论课的实效性，为实现中华民族伟大复兴培养人才。新时代深化学校思想政治理论课改革需要大中小学思想政治理论课建设一体化，这对新时代教育的一体化、系统化和连贯化具有推动意义。

第一，新时代大中小学思想政治理论课一体化建设推动了新时代教育的一体化。大中小学思想政治理论课一体化建设的教学模式，强化了学生的素质和能力，切实提高了人才培养的质量，也为其他学科教育一体化和衔接性建设提供了借鉴，在一定程度上推动了新时代教育的一体化发展。无论是思想政治理论课还是其他学科，都注重大中小学不同学段之间的联系和区别，从纵向上保证了每一个学科教育教学的连贯性和衔接性。积极做好大中小学思想政治理论课一体化的建设工作，对探索适应新时代的教育模式具有重要意义。

第二，新时代大中小学思想政治理论课一体化建设推动了新时代教育的系统化。新时代大中小学思想政治理论课一体化建设，是以系统的眼光深化新时代学校思想政治理论课改革创新的重要举措，也推动了新时代教育的系统化。思想政治理论课的开展不是独立的，其在横向上需要其他学科的教育教学活动与之同向同行、协同发力，在纵向上需要系统规划大中小学三个学段，根据不同学段学生的发展规律、身心特点和接受能力来进行课程安排。教育也不是孤立的，其在宏观上是一个庞大的体系，学校要做好教育工作，需要以系统的眼光看教育。

第三，新时代大中小学思想政治理论课一体化建设推动了新时代教育连贯化。新时代大中小学思想政治理论课的一体化建设，在注重大中小学各个不同阶段之间特点的基础上，也突出了相互之间的衔接和连贯。思想政治理论课一体化建设将大中小学的各个阶段有机地衔接了起来，保证了各个阶段之间的连贯性，既“接好”，又“连贯”，这样的教育模式也为其他学科的发展做出了探索，推动了新时代教育模式的连贯化发展。

五、思想政治理论课一体化建设的现状

现如今，思想政治理论课堂的一体化建设得到了国家政策方面的大力支持，无论是文献法令的颁布，还是习近平在校园中进行的重要讲话，都能够体现党与国家在不断推动思想政治学科的内涵式发展，将全面提高学生的思想政治素养作为建设目标。但纵观现在的思想政治理论课堂，部分问题仍然存在，且具有普遍性与共识性的特点。

（一）学习方法陈旧，学段特点模糊

小学思想政治教材曾提出两个建设让教师引导学生进行自主性学习，分别为教学要从价值上的说教转化为探究模式和创设自主学习的情境。而高中“从修正后的宪法看待中国共产党的执政方式”的知识点表明教师需要建设开展相关的探究活动，转变过去老旧的教学经验，引导学生在不断思索中建构属于自己的认知方式。由此可见，两个阶段的教学手段与学生的学习方法都是略为相似的。

（二）不易收集资料，考评难以落实

在高中阶段，教师在就“把学生思想政治素质的评价放在主要位置”进行教学时，便要进行全面客观的评价，结合着形成性与终结性的特征。该理念虽然自身具有无瑕的特点，但理想化仍过于严重，教师不能有效地对学生的法治水平进行考核，很难收集相关的考核资料，进而无法高效充分地看出学生的法治精神与理念。

（三）轻视队伍建设，忽略教师培养

很多地域都对思想政治教师的队伍建设不够重视，配备的人员也不齐全，甚至许多一线城市中的小学思想政治教师还由语文教师代替，有些偏远山区的思想政治教师还需要承担多门课程的教学工作。另外，思想政治教师自身的学科专业素养与思想政治教育素养也参差不齐，无法适应新时代下人才培养需要。

思想政治教师队伍还存在着协同力不足的问题，缺乏相关的法理学、心理学、教育学等通识知识，不能将创新素养与信息素养等很好地运用到课堂之中，缺乏对“智慧课堂”等新型教学模式的灵活应用，这些导致学生产生枯燥乏味的情绪，难以激起学生的学习兴趣。

第二节　思想政治理论课一体化建设策略

一、思想政治理论课一体化建设的基本原则

（一）政治性原则

经济全球化、政治多极化、文化多样化已俨然成为当今社会的基本特征，中国作为世界各国广泛关注的主要国家之一，在经济、政治和文化上都取得了卓越的成绩。但当今世界文化霸权主义依然存在，文化领域的国际渗透仍是“西化”和“分化”我国不可忽视的因素。所以我国必须牢牢掌握意识形态的领导权，而这对于大中小学生而言，也需要进行教育和培养，所以在思想政治理论课课堂教学中教育好大中小学生，是非常重要的事情。在这个意义上，政治性原则是大中小学思想政治理论课一体化建设的根本原则，坚持为立德树人这个根本任务服务。构建大中小学思想政治理论课一体化就要把握好思想政治理论课和立德树人之间的内在关系与逻辑结构，教师只有将立德树人这一育人理念完全地融入思想政治理论课程中，才能真正体现思想政治课的德育功能和政治功能。

（二）有序性原则

1. 小学思想政治理论课应该培养学生的意识

在我国很多地区，小学阶段设置六个年级，这个跨度比较大，所以小学阶段也经常被划分为小学低年段和小学高年段两个阶段，但它们的共性都集中体现在观察学生注意力、记忆思维、自我意识等，其个性表现在因性别、年龄、家庭等呈现出来的不平衡性。这启示思想政治理论课教师在课堂教学中不能“一刀切”，而应该具体问题具体分析，同时还要注意各阶段间的衔接和过渡。

在小学思想政治理论课的教学或课程安排上，教师应尽量培养学生的诚信、规则、家庭、英雄等意识。关于规则意识，其对小学生的成长以及未来走向都

十分重要。何为英雄？英雄就是非凡出众的人物，指见解、才能超群、出众或能领导群众的人。培养孩子的英雄意识应该从其小学做起。现在的小学生认识很多卡通片、影视片里的虚构英雄人物，而很少知道我们现实中的英雄人物，这对于我们“培养什么样的人？为谁培养人？”是一种障碍，所以教师要让小学生从小就有英雄的概念，尤其是要记住缔造和发展我们伟大祖国的英雄。

2. 初中思想政治理论课应该培养学生的意识

初中阶段学生的情感变得相对丰富而深刻，但有时不能自控。这个时期也是培养学生集体意识、生命意识、民族意识、法治意识等的最佳时机，也是让学生有经济常识思维、文化常识思维的有利时机。按照这个原则，初中思想政治理论课应略难一些。

3. 高中思想政治理论课应该培养学生的意识

高中阶段的学生，身心发展得到进一步增强，“三观”处于即将形成的关键时期，学生关注社会的能力大大增强，逻辑思维能力和独立判断能力也明显增强，但易出现失衡状态，在这个时期加强学生的政治意识、文化意识、经济意识、社会意识、哲学思维能力等的培养是至关重要的。

4. 大学思想政治理论课应该培养学生的意识

大学思想政治理论课对培养大学生的担当意识、家国情怀、政治认同、实业报国思想等非常重要，但现行大学思想政治理论课与高中思想政治理论课的内容有很多重复的地方，未能真正培养大学生的应有意识，所以大学思想政治理论课的课程内容改革也应提上日程，根据学生的认知特点、情感需要、知识储备等进行课程体系建设。

（三）整体性原则

大中小学思想政治理论课一体化是一个系统的工程，教师不应该将其分割，更不应该将其胡乱地混作一团，而要以合理的结构和顺序使其能够进行有效衔接，进而使之达到内部结构的优化。实现大中小学思想政治理论课的“学段能相通，学段又各异；一脉能相承，薪火能相传”是大中小学思想政治理论课一体化建设的理想目标。所以，教师要将各学段统一起来，这样才能使这门课程成为一门既符合科学规律又能陪伴学生成长的学科。

二、思想政治理论课一体化建设应该处理好的几对关系

（一）整体与局部的关系

整体与局部是从大中小学思想政治理论课一体化与分学段学习出发定位的关系范畴。所谓整体，指大中小学思想政治理论课建设的一体化。所谓局部，指大中小学思想政治理论课学习的学段。

理顺大中小学思想政治理论课一体化建设进程中整体与局部的关系，有着重要意义。首先，有利于形成各个学段的教育合力。合力是各个学段思想政治理论课教学目标形成的同向叠加力量。这种力量的生成需要在思想政治教育整体观的指导下，各个学段分工配合来完成。一般来讲，越分工明确、配合有力，就越有利于形成思想政治教育合力。其次，有利于从整体上呈现思想政治教育内容的面貌。大中小学思想政治理论课教学内容不是处于碎片化的零散状态，而是一个有着内在逻辑关联的整体框架。从大中小学各个学段学生的认知规律来看，只有把思想政治理论课内容作为整体来看待，才可以全面、准确地理解和学习思想政治理论课的教学内容。最后，有利于有序地推动大中小学思想政治理论课一体化建设的进程。推动思想政治理论课建设一体化绝不是一蹴而就的事情，其既需要整体规划，也需要各个学段的配合。因此，理顺两者关系有着重要的理论和实践意义。

理顺整体与局部关系的策略有以下几点：首先，顶层设计是关键。统筹推进大中小学思想政治理论课一体化建设是党行使意识形态领导权的重要表现。这一工程的实施，需要意识形态领导权的执掌者以及教育主管部门从顶层实施一系列相关举措。其次，目标定位是“灯塔”。目标是导向，只有明确了培养目标，才能指引大中小学思想政治理论课一体化的实施。如果说大中小学思想政治理论课一体化是总目标，那么各个学段的目标就是对总目标的一个分解。事实上，明确了目标就明确了培养内容、方式、评价等一系列相关要素。最后，分工合作是保障。大中小学思想政治理论课一体化建设是由各个学段教师队伍以及教育管理者分工和配合完成的。只有各个学段的每一位教育主体都完成好自己的工作任务，思想政治理论课一体化建设目标才可以稳步推进。因此，分工合作需要工作责任制来约束。制度的刚性力量成为我们理顺整体与局部关系的重要保障。

（二）渐进与上升的关系

渐进与上升是从大中小学思想政治理论课一体化建设进程中的速度和方向

来定位的关系范畴。就过程而言，一体化建设需要一个渐进磨合和螺旋上升的过程。所谓渐进，指教育主管部门稳步有序地推进思想政治理论课一体化进程。所谓上升，指不断朝着一体化进程目标迈进。

正确处理渐进与上升的关系是遵循三大规律的必然结果。第一，是遵循思想政治工作规律的必然选择。从理论上看，在思想政治教育过程中，“适应超越律”“双向互动律”“内化外化律”“协调控制律”等应该是教育者需要遵循的规律，可以说，对上述规律的践行需要教育者和受教育者不断磨合。这个过程绝不是一朝一夕可以完成的，而是需要反复实践磨合锤炼。第二，是遵循教书育人规律的自然行为。就教书育人的过程而言，学生必然会经历知、情、信、意、行的过程，这一过程是内化于心、外化于行的长期反复的体验感悟过程。渐进与上升正是这种过程的真实写照。第三，是遵循学生认知规律的必然选择。众所周知，学生的认知发展是一个由易到难、由此及彼、由感性认识逐步上升到理性认识的渐进过程。在大中小学的每个学段，学生的认知水平、态度和能力不尽相同。所以，在思想政治理论课一体化过程中，教师应当破除以往教学内容、目标和方法中的独立性、脱节性和超前性，根据学生成长规律设计和安排教学内容和方法。

事实上，正确处理渐进与上升的关系，有助于按规律推进大中小学思想政治理论课一体化进程。处理好渐进与上升的关系就是要解决好渐进而不上升、甚至倒退的问题，解决好上升而不冒进的相关问题。为此，我们必须做到以下几点。第一，提升教师素养是正确处理渐进和上升关系的关键。思想政治理论课教师是育人主体，是“三大规律”的践行者。在现实思想政治理论课教学进程中，如何设计教学内容、如何合理使用教学方法、如何谋划教学进程等都与教师的思想政治素养和业务素养直接相关。为此，学校只有提升思想政治理论课教师的素养，才可以恰当地把握渐进和上升的关系。第二，科学设定考核评价机制。考核评价机制是思想政治理论课一体化推进的指挥棒。大中小学思想政治理论课教学目标到底达到何种程度，是一个评价机制的问题。就此而言，我们在设定考核目标时，不仅要扬弃以往的评价方式，而且还要制定科学合理的螺旋上升式评价指标体系。

（三）沟通与衔接的关系

沟通与衔接是从大中小学思想政治理论课一体化建设进程中的方式来定位的关系范畴。所谓沟通，指大中小学思想政治理论课教师（个体或群体）相互学习、传递教学信息和反馈教学效果的过程。所谓衔接，指把相对独立的大中小学思想政治理论课理念、内容、方法和目标等有机地整合为一个整体。

科学理顺沟通和衔接的关系是有效黏合大中小学思想政治理论课的必要举措。第一，有效黏合教学内容的需要。在以往的思想政治教育过程中，大中小学各个学段思想政治理论课内容的层次性和针对性不强，重复内容相对较多。造成这一现象的原因是多方面的，但是，最直接的原因是没有理顺各个学段思想政治理论课教师之间沟通与衔接的关系。为了突出思想政治理论课教学内容的层次性和针对性，推进一体化教学进程，教师必须强化各个学段彼此之间的沟通与衔接。第二，有效黏合教学过程的需要。对于大中小学思想政治理论课而言，每个学段的教学过程是需要教师在遵循思想政治教育规律和学生成长规律基础上进行的。这就需要教育者在顺应上述规律基础上，守好各自的一份"责任田"。每一份"责任田"培育的过程并不是彼此孤立的，而是一个整体的有机组成部分。诚然，上述分学段过程的有机黏合必然离不开教育主体之间的沟通与衔接。第三，有效黏合教育任务的需要。思想政治理论课是落实立德树人根本任务的关键课程，这个根本任务会在大中小学各个学段根据学生成长特点被划分成不同的分任务。这是一个一分为三，最后又合三为一的"总—分—总"的过程。而这一过程的实现需要各个学段教师之间的沟通与衔接。

理顺沟通与衔接的关系需要制度保障、机制促进和平台搭建。第一，建立和健全大中小学思想政治理论课一体化衔接的制度体系。制度体系的建构是一个系统工程，包括立法、组织、机构等，其要求教育主管部门以及大中小学各级党政部门在遵循相关法律的基础上，构建相应的制度，明确各个部门的职责，推动构建大中小学各个学段思想政治理论课的沟通和衔接的组织管理制度。第二，构建大中小学思想政治理论课教师的集体备课和交流机制。这些机制包括以科研促进教学的大学带动中小学机制、中小学思想政治理论课示范教学的交流机制等。第三，搭建大中小学思想政治理论课教学资源和教学技能的交流共享平台。共享平台是大中小学思想政治理论课教师之间沟通和衔接的场所，学校不仅要定期或不定期地设置各种研习班，而且还要定点设立教育基地，搭建网络教学资源和教学技能的交流平台。不断打造线上线下的沟通协调平台，这是为了弥合各个学段思想政治理论课在教学内容、方法以及评价等方面的裂缝，从而促进大中小学思想政治理论课一体化进程。

（四）立德与树人的关系

立德与树人是从大中小学思想政治理论课一体化建设进程的导向和结果来定位的关系范畴。在新时代，立德树人被赋予了新内涵。所谓立德，指牢固树立共产主义信念、践行社会主义核心价值观、厚植传统美德、弘扬民族精神和时代精神等。所谓树人，指把学生培养成中国特色社会主义合格的建设者和接班人。

科学定位立德与树人的关系有利于揭示两者本质。第一，在两者关系结构中，它们之间并不是并列、偏正、动宾关系，而是矛盾的辩证统一体。前者会让人们认为立德与树人是彼此独立的两个元素，所不同的是，这两个元素之间的结构地位不同。后者指出立德与树人在本质上是一个事物，是一而二、二而一的关系，它可以一分为二，也可以合二为一。德是人的品德，品德是人的修养。事实上，立德树人就是要回答“培养什么人、怎样培养人、为谁培养人”的根本问题。第二，立德与树人是本质与现象的关系。立德是树人的内在本质，树人是立德的外在表现。树人而不立德就等于没有灵魂，树人的根本在于立德。总之，立德与树人不可分割。

正确认识立德与树人之间的关系，有利于落实立德树人的根本任务。第一，要以铸魂来育人。铸魂育人是立德树人的根本。在新时代，教师要用马克思主义中国化的最新成果来武装学生头脑，使之树立为中华民族伟大复兴而努力奋斗的目标。为了实现立德树人的根本任务，在客观上，教育主管部门和教师要坚决贯彻党的教育方针，不断形成“三全育人”的格局，造就一代又一代中国特色社会主义合格建设者和接班人。第二，要把立德树人融入思想政治理论课教育的各个学段。各个学段的思想政治理论课教师要围绕立德树人这一根本任务来设计和安排自己的教学内容、教学方法和考评办法。教师要围绕这个目标来教，学生要围绕这个目标来学。凡是不利于实现这个目标的做法都要坚决改过来。

三、思想政治理论课一体化建设的策略

（一）思想政治理论课教材一体化建设的情况

1. 思想政治理论课教材的使用情况

（1）中小学阶段思想政治理论课教材的使用情况

2016 年，教育部办公厅发布了《关于 2016 年中小学教学用书有关事项的通知》。该文件明确指出，从 2016 年 9 月 1 日起，义务教育阶段小学和初中的《品德与生活》《思想品德》教材的名称统一更改为《道德与法治》。在小学阶段共有 12 册，统一更改的名称只在部分地区试用。有些地区的小学阶段使用的

仍然是人民教育出版社课程教材研究所综合文科课程教材研究开发中心编著的义务教育课程标准实验教科书，名称为《品德与社会》，小学六年共12册。从教材的内容来看，在低年级阶段，学生需要形成教育的基本常识，进入高年级后，学生需要学会生存、学会做人、学会做事，初步了解我国的人文历史风俗及世界部分民族情况。国家在小学阶段开设“道德与法治”或“品德与社会”课程的目的是培养学生良好的品德，使其在探索生活、社会的过程中，树立正确的人生观、世界观、价值观，逐渐学会分析个人、社会、世界，学会直面生活。初中阶段还属于九年义务教育阶段，因此学生使用的教材仍然为义务教育教科书。在初中阶段学生使用的思想政治理论课教材名称为《道德与法治》，三年共6册。教材内容主要围绕个人、家庭、学校、社会、国家、世界来编排。高中阶段的思想政治理论课教材共4册，高一两个学期分别开设“经济生活”“政治生活”，高二两个学期分别开设“文化生活”“哲学生活”。高中思想政治理论课教材的内容主要从经济、政治、文化、哲学等方面编写。

（2）高校思想政治理论课教材的使用情况

高校思想政治理论课教材采用的是高等教育出版社出版的马克思主义理论研究和建设工程重点教材。在高职院校开设两门思想政治理论课，即“思想道德修养与法律基础”“毛泽东思想和中国特色社会主义理论体系概论”。普通高校开设四门思想政治理论课，即“思想道德修养与法律基础”（以下简称“基础课”）、“毛泽东思想和中国特色社会主义理论体系概论”（以下简称“概论课”）、“马克思主义基本原理概论”“中国近现代史纲要”。为了将教材中的理论更好地与实践联系起来，编写者使教材内容在整合中不断完善。从党的十八大以来，高校思想政治理论课教材经历了2013年版、2015年版、2018年版的修订。

2. 思想政治理论课教材一体化建设存在的问题

（1）各学段课程标准修订进度不一致

课程标准是指导某一门学科课程目标构建、内容规划、具体实施的指导性文件，是连接教材撰写和课堂教学的桥梁，是教材撰写的凭据。因此，建设思想政治理论课教材一体化体系首当其冲要以课程标准为准绳。然而，当前各学段思想政治理论课课程进展的速度各不相同。目前高校思想政治理论课虽然已经明确了建设的规范，但是还没有统一的课程准绳。在高中阶段，《普通高中思想政治课程标准（2017年版）》是现在比较新的标准。在初中阶段，《义务教育思想品德课程标准（2011年版）》是最新的课程标准。在小学阶段，“道德与法治”最新的课程标准则于2019年公布。从目前各学段课程标准的编写上来看，各学段课程标准的修订工作明显缺少一体化理念和顶层设计，各学段课程标准之间缺少连贯性，这必然会对大中小学思想政治理论课一体化建设产生阻碍的作用。

（2）各学段教材内容连贯性不强且重复现象较为突出

当前，大中小学思想政治理论课教材内容最大的问题是部分教材内容连贯性不强且重复现象较为凸显。大学本科生四门思想政治理论课教材的内容重复较多，本科《马克思主义基本原理概论》中的前三章内容在某种意义上深化了高中《哲学生活》的内容，但是对于相关概念没有进一步拓展，没有体现教材内容之间螺旋式上升的特点。高中《经济生活》和初中《道德与法治》两教材之间也存在重复解说。高中《经济生活》中的“我国的基本经济制度”与初中《道德与法治》八年级下册中的“基本经济制度”重复。本科《思想道德修养与法律基础》中涉及了人生观、道德观、价值观、法治观等内容，但是这些内容之间未遵循循序渐进的原则，甚至存在次序颠倒的情况。由此可见，编写者如果不遵循学生身心成长规律和教育教学规律，科学有序地规划好思想政治理论课教材各个部分内容，那么培养社会主义合格建设者和接班人的使命便无法完成。因此，相关人员在编写思想政治理论课教材的内容时，应将编排仔细打磨确定，消除各学段教材内容连贯性不强且重复较多的现象，避免学生产生排斥的情绪，尽力确保思想政治理论课教材各个部分衔接得当又浑然一体。

（3）教材内容设计不科学

从人成长发展的角度看，人在成长的各个时期会呈现出一定的规律性和层次性，思维也不例外。学生的思维也需要经历一个从具体形象思维到抽象逻辑思维的转变过程。学生品德的提升也需要经历一个从他律到自律、从幼稚到成熟的转变过程。思想政治理论课教材内容的编排应该与学生的思维发展水平和理解接受能力相适应，如此才能实现思想政治理论课立德树人的目标。翻开学校思想政治理论课教材，会发现其部分内容的编排缺少科学性。小学阶段的《品德与社会》没有系统地梳理行为规范的内容，但是大学的《思想道德修养与法律基础》中却详细地梳理了社会公德的内容，如文明礼貌、助人为乐、爱护公物、保护环境、遵纪守法。本应该在小学阶段就被详细梳理的内容却在大学阶段被再次说明，这就显得有些重复。七年级下册的《道德与法治》第一次融入法治知识，用抽象的语言概括了法律的特征及作用等，八年级上册的《道德与法治》也是用极其抽象的语言概括了民事主体的概念及刑法中的犯罪特征，八年级下册的《道德与法治》融入的坚持宪法至上、权利和义务相统一、崇尚法治精神、建设法治中国等内容与大学阶段的《思想道德修养与法律基础》中的以宪法为核心的中国特色社会主义法律体系、建设中国特色社会主义法治体系等内容重复。初中《思想品德》中的内容侧重融入道德、情感态度和价值观知识，思维层次比较浅显，而高中的《思想政治》中的内容侧重融入抽象的学科知识，思维层次比较深。这样的教材设计难免会使部分高年级的思想政治理论课教师对低年级教材中相同的知识内容只做象征性的介绍，而深入探究性的学习则不多。这样的教材设计很容易使思想政治理论课教育因为对接不够而影响教学课程的深化，进而给大中小学思想政治理论课的建设带来很多难题。《关于深化新时代学校思想政治理论课改革创新的若干意见》（以下简称"《意见》"）强调要"遵循学生认知规律设计课程内容，体现不同学段特点，研究生阶段重在开展探究性学习，本专科阶段重在开展理论性学习，高中阶段重在开展常识性学习，初中阶段重在开展体验性学习，小学阶段重在开展启蒙性学习"。相关人员如果不按照学生的思维发展规律和理解接受能力螺旋式上升的规律而设置思想政治理论课教材的内容，那么很难实现思想政治理论课立德树人的目标。

3. 思想政治理论课教材一体化建设的基本原则

教材既承载着知识又体现着价值，是安排课时、设计教案、选择教学方法的基本依据。因此，完善课程教材体系是大中小学思想政治理论课一体化建设的重点工作。推进大中小学思想政治理论课教材一体化建设，要遵循政治原则、价值原则和知识原则。

（1）政治原则：增强学生的政治认同

政治性是思想政治理论课的根本属性。大中小学各阶段开设思想政治理论课的根本目标在于培养拥护中国共产党领导和社会主义制度、立志为中国特色社会主义事业奋斗终身的有用人才，这是推进思想政治理论课教材一体化建设必须坚持的政治原则。大中小学阶段是青少年人生历程的"拔节孕穗期"，是"扣好人生第一颗扣子"的黄金期，这一时期青少年对党和国家的认识与情感将直接决定着其成长成才的方向。在新时代，推动习近平新时代中国特色社会主义思想进教材、进课堂、进头脑，增强"四个意识"、坚定"四个自信"、做到"两个维护"是各阶段思想政治理论课教育教学的首要任务。在统筹推进大中小学思想政治理论课教材内容体系一体化建设的过程中，各阶段教材内容的设计应以"用习近平新时代中国特色社会主义思想铸魂育人"为主线，全面推动习近平新时代中国特色社会主义思想进各阶段思想政治理论课教材，积极引导青少年学生把爱国情、强国志、报国行融入日常学习和生活中。

（2）价值原则：引领学生的成长方向

思想政治理论课具有立德树人和铸魂育人的价值，对广大青少年学生的成长成才具有奠基作用，对各阶段青少年学生的成长具有认识导向、精神导向、理论导向的功能。以立德树人和铸魂育人为价值原则，循序渐进地把广大青少年学生培养成担当民族复兴大任的时代新人、培养成德智体美劳全面发展的社会主义建设者和接班人是各阶段思想政治理论课的价值旨归，也是大中小学思想政治理论课教材一体化建设必须坚持的基本原则。各阶段思想政治理论课教材的设计要以提升不同阶段学生的思想素质和道德水平为核心任务，以培育和践行社会主义核心价值观为根本要求，突出培养学生坚定的理想信念、高尚的道德情操、教高的身心素质、良好的审美情趣、深厚的中华文化底蕴和宽广的国际视野，不断挖掘和完善立德树人的内涵与要求，确保学生成长成才的正确方向。

（3）知识原则：提升学生的思维能力

思想政治理论课是系统传授马克思主义立场、观点和方法论的课程。马克思主义揭示了人类社会特别是资本主义产生、发展以及必然为社会主义所替代的人类社会发展规律，具有无可辩驳的科学性。思想政治理论课通过运用马克思主义理论和方法对政治、经济、文化、社会、历史与现实现象进行科学解释和辩证分析，从而引导不同阶段学生树立正确的人生观、世界观和价值观，使之自觉与社会的发展同向同行。各阶段思想政治理论课教材内容体系的设计要坚守思想政治理论课传授科学知识的基本原则，遵循一般哲学社会科学教材的编写原则，形成自身独特和严密的知识体系，强化自身的学理逻辑；要以透彻的学理分析回应学生，要关注学生的生活世界，对学生关心的社会热点、难点问题要运用马克思主义相关理论知识予以积极回应和科学解释，以科学的思想理论说服学生，用真理的强大力量引导学生，提升学生的整体思考能力，增强不同阶段学生在思想政治理论课中的获得感。

4. 思想政治理论课教材一体化建设的基本遵循

习近平指出，“做好高校思想政治工作，要因事而化、因时而进、因势而新。要遵循思想政治工作规律，遵循教书育人规律，遵循学生成长规律，不断提高工作能力和水平”。在统筹推进大中小学思想政治理论课教材内容体系一体化建设的过程中，要切实以习近平提出的三个规律为基本遵循，契合各阶段学生的身心特点，优化教材内容体系。

（1）遵循思想政治工作的规律

思想政治工作是党的意识形态建设和教育的基础性工作，遵循思想政治工作规律是各阶段学校增强学生思想政治教育工作实效性和针对性的基本要求。大中小学思想政治理论课教材一体化建设遵循思想政治工作规律主要体现在坚持社会主义的办学方向、注重科学理论对学生的思想引领、落实立德树人的根本任务等层面。思想政治理论课是党和国家针对不同阶段学生设立的思想政治教育主导性渠道的课程，不同阶段的思想政治理论课教材在内容体系设计上要旗帜鲜明地坚持党的领导、增强“四个自信”，提升学生对社会主义伟大事业的道路认同、理论认同、制度认同和文化认同。思想政治理论课教材内容体系要发挥马克思主义理论在学生成长与发展过程中的奠基作用，强化马克思主义理论在教材体系中的主导地位，引导学生真学、真懂、真用马克思主义。思想政治理论课教材内容体系要注重学生道德素质的提升，围绕立德树人的根本任务去设计教材内容板块，坚持传播主流意识形态，教育和引导学生自觉践行社会主义核心价值观，促进学生德智体美劳全面发展。

（2）遵循教书育人的规律

思想政治理论课教材内容体系在内容设计上要充分体现教育规律和人才培养规律，要进一步明确各学段的教育功能定位和育人目标，使其依次递进、有序过渡。要坚持理论性与实践性的统一，既要强化思想政治理论课的政治理论属性，使学生掌握马克思主义的立场、观点和方法，又要结合时代特点，引导学生在社会实践中发现问题、分析问题和思考问题。要坚持稳定性和变动性的统一，各学段思想政治理论课教材内容体系既要坚定理想信念教育这一“不变”的核心内容，引导学生树立正确的世界观、人生观和价值观，又要根据世情、国情、党情的变化，建立新的话语体系，丰富思想政治理论课的内容呈现方式，增强各阶段思想政治理论课教材内容的时代感。

（3）遵循学生成长的规律

遵循学生成长的规律是提升思想政治教育工作亲和力，引导各学段学生健康成长、全面成才的重要保证。习近平强调，“青少年阶段是人生的‘拔节孕穗期’，最需要精心引导和栽培”。这为大中小学思想政治理论课教材一体化建设如何遵循学生成长规律提供了行动指南。其主要包括以下几点：一要弄懂“拔节孕穗期”的精确内涵，弄清“拔节期”和“孕穗期”在大中小学各学段的分布规律，将学生“拔节孕穗期”的身体心理发展特点与各学段的思想政治理论课的教育目标一一对应起来。二要坚持统一性和多样性相统一，既要落实教学目标、课程设置、教材使用、教学管理等方面的统一要求，又要因地制宜、因时制宜、因材施教。三要坚持灌输性和启发性相统一，既要着重阐释和宣传党和国家的重大理论、方针、政策，提升不同阶段学生的思想认识，又要注重设计启发性教育内容，引导学生去发现问题、分析问题、思考问题，提升学生的综合素养。

5. 思想政治理论课教材一体化建设的基本路径

（1）提高政治站位，确保思想政治理论课教材内容体系建设的正确方向

其一，大中小学思想政治理论课教材的编写和设计要提高政治站位。各阶段的教材内容必须始终坚持“教育为人民服务、为中国共产党治国理政服务、为巩固和发展中国特色社会主义制度服务、为改革开放和社会主义现代化建设服务”的指导思想，自觉融入“四个意识”“四个自信”和“两个维护”的内容和要求。其二，根据学生认知特点和成长成才规律，推进政治要求、价值体系向教学体系和知识体系的有机转化。小学阶段的思想政治理论课教材要注重通过图片、故事、案例和参观体验等感性认知方式，给学生讲明白党领导人民建设社会主义取得的伟大成就；中学阶段的思想政治理论课教材要通过理论讲解和案例教学，对学生进行党的理论知识的教育，强化社会主义建设者和接班人的意识；大学阶段的思想政治理论课教材要着重讲清楚马克思主义理论精髓及其中国化过程，深化学生对共产党执政规律、社会主义建设规律、人类社会发展规律的认识，使其深入理解习近平新时代中国特色社会主义思想的精神内涵和思想实质。其三，要进一步创新载体、丰富形式，将政治认同、国家意识、民族精神、时代精神贯穿各阶段思想政治理论课教材内容的全过程。思想政治理论课教材要努力做到小学的启蒙性学习、中学的体验性学习与大学的探索式学习的有效衔接。中小学阶段侧重于引导学生对创新理论形成朴素的感性认知，大学阶段侧重于向学生讲清楚创新理论的历史逻辑、理论逻辑和实践逻辑，从而实现大中小学不同学段的一体化衔接。

（2）深入调查研究，全面掌握新时代各阶段学生的思想特点

充分了解各阶段学生的思想特点是推进大中小学思想政治理论课教材一体化建设的前提与基础。因此，必须对新时代不同阶段的青年学生进行一次广泛、深入和全面的调查，充分了解不同年龄段学生的思想状况和其对思想政治理论课的诉求。一要全面了解各阶段学生的差异。对学生的整体思想政治状况进行调查，弄清楚他们的思想状况，以及思想状况中存在的问题等，这是设计思想政治理论课教材的起点。二要充分掌握各阶段学生的特点。了解成长于不同时代的学生特性、有针对性地设计思想政治理论课教材是提升思想政治理论课有

效性的根本前提。三要全面了解各阶段学生的诉求。将学生的发展诉求与党和国家的要求、人民的期盼和社会的发展趋势相融合，使思想政治理论课教材内容既反映党、国家和人民的要求，又反映学生的发展诉求，从而全面体现思想政治理论课的育人价值。

（3）优化内容结构，科学设计新时代各阶段思想政治理论课教材内容体系

教材内容体系是思想政治理论课建设的中心环节，决定着思想政治理论课的质量和效果。一要系统推进习近平新时代中国特色社会主义思想进入大中小学思想政治理论课教材，提升思想政治理论课教材内容的政治性。二要丰富思想政治理论课教材的时代内容，提升思想政治理论课教材的时代性。三要增强理论的解释力和说服力，提升思想政治理论课教材的科学性。各阶段的思想政治理论课教材内容要善于运用马克思主义的基本原理、基本方法和价值取向去解释不同阶段学生所面对的现实问题和思想困惑，让不同学段的学生听得懂、听得进、能接受，从而真正解决学生的实际问题。四要厚植思想政治理论课教材的文化底蕴，提升思想政治理论课教材的可读性。各阶段的思想政治理论课教材要丰富和充实文化元素，将中华优秀传统文化、革命文化、社会主义先进文化有机系统地写进课程教材，用不同阶段学生所习惯的语言和方式进行阐述和表达。

（4）加强队伍建设，提升新时代思想政治理论课教材编写成员的素质与能力

建设一支专职为主、专兼结合、数量充足、素质优良的专业化思想政治理论课教材编写队伍是推进大中小学思想政治理论课教材一体化建设的关键和基础性工作。其一，党的领导是统筹推进大中小学思想政治理论课教材内容体系一体化建设的根本保证。我们党要进一步明确大中小学思想政治理论课教材编写的基本原则、基本目标，从而为思想政治理论课教材内容的不断完善与更新提供理论和思想上的指导。其二，教育主管部门要提高教材编写人员的条件和门槛。大中小学思想政治理论课教材内容事关青年学生的成长方向，相关部门必须从政治素养、专业能力、社会形象和师德师风方面对编写人员提出更高要求，并定期对教材编写队伍进行严格考核和科学评估，确保教材的编写质量。其三，优化教材编写队伍的结构，形成优良的教材编写梯队。相关部门要构建和培养一支包括学科带头人、学术名家、教学名师、中青年骨干的老中青结合的教材编写队伍，优化教材编写人员的结构，提升教材编写水平。

（二）思想政治理论课教学一体化建设

1. 思想政治理论课教学一体化建设存在的问题

（1）教学目标缺乏整体设计

学段间相互割裂的育人格局，导致教学目标的设计缺乏整体安排。第一，系统性观照不够。大中小学思想政治理论课教学总目标一以贯之，但各学段目标统一设计、科学分解、有序串联的系统性观照不够。第二，层次性区分不明。学段教育目标抽象模糊，存在如小学培养共产主义接班人、中学培养社会主义建设者、大学培养社会合格公民的现象。第三，递进性衔接不足。教学目标基于学生身心发展阶段，由浅入深、由感性到理性、由具体到抽象的递进性衔接不足。

（2）教学内容缺乏系统架构

教学内容一体化建设平台的缺失，导致教学内容布局不够合理。第一，重复问题。如高中教材《哲学生活》与大学教材《马克思主义基本原理概论》中关于哲学的基本问题、世界的物质性、辩证法的实质与核心等内容重复。虽然学段间的教学目标、教学侧重有差异，但其难以规避相似内容授课重复的现象。第二，倒置问题。课程内容在应然层面遵循施教和受教的规律，但在实然层面存在小学讲抽象、大学讲具体的逻辑倒置现象。第三，脱节问题。部分课程内容与接受主体品德塑造的"最近发展区"耦合度不够，与时代发展的契合性不足。

（3）师资队伍衔接意识不够

该内容主要体现在以下几点：一方面，衔接热情不高。思想政治理论课教学在小学被轻视，中学以考试为主，大学以科研为主，教师的考评与育人初衷相背离。在此境遇下，思想政治理论课教师鲜有学段衔接的动力和热情。另一方面，"各扫门前雪"现象突出。纵向跨学段、横向跨学科的交流研修机制缺失，面对面研讨交流渠道不畅，科研项目攻关、实践基地共建缺乏协同配合，没有形成育人合力，这些导致思想政治理论课教师"各扫自家门前雪"。

（4）统一领导决策体系不健全

大中小学思想政治理论课教学归口管理不一致。高等教育思想政治理论课教学由教育部社科司统一指导，中小学思想政治理论课程由教育部基础教育司统一指导，这造成了思想政治理论课教学多头管理、条块分割、整体效能无法发挥的问题。思想政治理论课教学作为一项系统的育人工程，需要各学段搞好协作，同向发力。

2. 思想政治理论课教学一体化建设的必要性

（1）遵循学生身心发展规律

第一，身心发展的阶段性。小学阶段学生的各项机能尚不成熟，主要靠感官感知外部世界，形象思维占主导地位，该阶段是道德行为的最佳养成期。中学阶段属于过渡时期，学生的各项机能趋于成熟，第二性征出现，性意识觉醒，抽象逻辑思维逐步取代形象直观思维，该阶段是道德信念和道德行为形成的关键时期。大学阶段学生身体各方面发育成熟，辩证思维占据主导地位，道德行为趋于稳定。大中小学思想政治理论课教学一体化建设，必须基于育人对象身心发展的阶段特征展开。

第二，身心发展的连续性。人的身心机能从稚嫩到成熟并非一蹴而就的，而是接续发展的过程。认知方式从感性直观到理性抽象再到辩证思维并非跳跃完成的，而是循序渐进的过程。大中小学思想政治理论课教学一体化在遵循育人对象身心发展阶段特征的同时，还不能忽视育人对象身心发展的连续性，防止出现教育空白、漏洞和断层等问题。

（2）确保思想政治理论课育人目标的统一性和渐进性

第一，育人目标具有统一性。从思想政治理论课的本质属性看，大中小学思想政治理论课同向同行，围绕立德树人的根本任务，以培养社会主义建设者和接班人为总体目标。总体目标居于核心地位，是思想政治理论课教学的中轴线。育人目标在总体目标的关照下具化为学段目标，进而确定教学大纲、课程标准、教学内容等。学段目标具有相对独立性，但都服从、服务于总体目标，两者体现出高度的统一性。

第二，育人目标具有渐进性。一方面，学段间教学目标相互关联。思想政治理论课学段目标是一个由低到高、由浅到深、由简单到复杂的复合体，各学段教学目标有着衔接递进的逻辑关联。另一方面，学段间教学目标有序过渡。任何一个学段目标都不是另起炉灶的，而是在原有基础上的不断升级。学段目标间承前启后，构成序列。

（3）提升思想政治理论课教学实效性

思想政治理论课教学实效性主要是对教学内容的知识性考量。高等教育阶段作为教育终端，知识性考量退居次要地位，而价值性考量则凸显出来。由于“前摄”较多，社会影响多元，所以实效性欠佳的尴尬局面长期存在。究其缘由，其是多重因素共同作用的结果。但是，大中小学思想政治理论课教学各自为营，教学体系独立建立，学段间衔接不够、梯度不明，引发内部效能耗散是重要原因之一。大中小学思想政治理论课教学一体化建设，是化解高等教育与基础教育、基础教育各层级之间矛盾，实现育人合力的必然选择。

3. 思想政治理论课教学一体化建设的策略

（1）高度重视大中小学思想政治理论课教学目标的整体谋划

大中小学思想政治理论课教学目标具有总体一致性、学段独立性、过程渐进性的特征，学校要围绕育人总目标设定学段目标，遵循学生身心发展规律，对学段间的教学目标进行层次优化与衔接整合。一方面，遵循学段梯度性。人的成长规律体现为不同学段梯度具有鲜明的思维习惯、认知水平、道德水准，这决定了不同学段思想政治理论课教学的培养重心。思想政治理论课教学要遵循“小学阶段重在启蒙道德情感，初中阶段重在打牢思想基础，高中阶段重在提升政治素养，大学阶段重在增强使命担当”的课程目标。另一方面，增强学段耦合性。思想政治理论课教学目标是前后相接、构成序列的目标链。链式目标承前启后，前一学段教学目标是后一学段教学目标的基础，后一学段教学目标是对前一学段教学目标的巩固和提升。

（2）切实加强大中小学思想政治理论课教学内容的统一布局

第一，贯彻系统性。国家教育部门应组织队伍，统一制定课程大纲，统一编制课程标准，统一规划教材体系。在此基础上对大中小学思想政治理论课内容进行全景化呈现，引导各学段教师明确所授内容在全景视图中的位置，以避免内容重复、倒置和脱节。

第二，突出层次性。依据学生身心发展特征，确定施教重点。小学阶段以道德启蒙为主，贯穿认识国旗、会唱国歌、遵纪守法、爱护公物、互帮互助等内容，激发道德情感。初中阶段以知识建构为主，思想政治理论课内容属于“是什么”的知识范畴。高中阶段以价值教育为主，思想政治理论课内容属于“要什么”的价值范畴。大学阶段以理论探究为主，思想政治理论课内容属于“为什么、怎么做”的思辨范畴和实践范畴。

第三，体现逻辑性。大中小学思想政治理论课一体化源自大学思想政治理论课教学实践的反思，但内容设定逻辑不能从大学逆向推演，而要基于由低到高的运行逻辑来确定。各学段间的内容既要保持联系又要形成超越，以实现思想政治理论课内容的循序渐进与有序过渡。

（三）思想政治理论课教师队伍一体化建设

1. 思想政治理论课教师队伍一体化建设的价值体现

（1）落实立德树人根本任务关键课程的关键

能够成为落实立德树人根本任务的关键课程，是因为思想政治理论课是一门特殊的课程，是知识性教育和思想性教育的统一，除了能够传授知识和培养能力之外，还具有其他课程所不具备的政治引领和价值引领的功能。思想政治理论课不仅要推进马克思主义理论知识进教材、进课堂、进头脑，让学生学会用马克思主义的基本原理和方法来认识世界和改造世界，而且还要用马克思主义理论来引领学生坚定共产主义信仰、认同社会主义意识形态、践行社会主义核心价值观，把学生培养成有理想、有担当、有情怀的中国特色社会主义的实践者和接班人。

（2）学生认知发展规律的要求

一般来说，随着年龄的增长，学生的认知水平也会不断提高。具体来讲，小学生注重感性认知，中学生注重知性认知，大学生注重理性认知，学生的这种认知规律要求思想政治理论课在讲课内容和教学方法上要进行统筹安排、整体部署。

（3）体现思想政治理论课课程目标整体性的需要

虽然大中小三个学段的思想政治理论课课程目标层次和要求不同，具有相对独立性，但是思想政治理论课的本质属性是相同的，这使得三个学段的思想政治理论课具有渐近统一的整体目标。因此，《意见》中明确提出，“整体规划思想政治理论课课程目标在大中小学循序渐进、螺旋上升地开设思想政治理论课”。

2. 思想政治理论课教师队伍一体化建设的策略

（1）加强顶层设计

第一，建立统一的领导机构。为了积极拓展思想政治理论课的建设格局，各地要结合本地实际，由教育主管部门或依托高校马克思主义学院成立统一的组织领导机构，实现对大中小学思想政治理论课一体化建设各项工作的指导和管理，确保“事有人管，责有人负”，为统筹和协调不同学段思想政治理论课教师队伍专业发展一体化奠定坚强的组织基础。

第二，进行统筹科学规划。近期，教育部先后颁布了一系列指导文件，明确提出“大中小学思想政治理论课一体化建设需要深化”的工作要求，对整个队伍建设做出了“专职为主、专兼结合、数量充足、素质优良”的共同规划要求。各地教育主管部门要依据这些统一政策要求，科学规划本地区教师队伍专业发展一体化的具体工作，制定相应的教师配备、准入、退出工作制度和培养、培训工作方案，确保大中小学思想政治理论课建设一体化工作的关键能够落到实处、取得实效。

（2）完善培养、培训机制

要推进大中小学思想政治理论课教师队伍专业发展一体化，就必须把对教师的培养、培训工作放在核心位置并统筹抓好，从而打造出一支能够担当历史重任、承载时代重托的高素质专业化师资队伍。第一，抓好源头培养是基础。要发挥好学校思想政治理论课立德树人主渠道的作用，就必须由“有信仰的人讲信仰”。因此，重视源头，用马克思主义信仰武装思想政治理论课教师队伍成为迫在眉睫的任务。第二，提升专业能力与综合素质是重点。要根据不同学段思想政治理论课教育教学的特点，在统筹提高教师马克思主义理论素养和思想政治教育能力的基础上，有针对性地建立思想政治理论课教师人才培养体系。

（3）建立“学研育”一体化平台

第一，协同集体备课以实现“学习”一体化。一方面，要推进思想政治理论课网络协同集体备课常态化。各地“大中小学思想政治理论课一体化建设指导委员会”可以组织建立具有本地特色的协同集体备课的网络平台，实现集体备课数据、资源的共享，同时制订网络协同集体备课常态化的管理规范与指导办法。另一方面，要发挥各学段优秀思想政治理论课教师带领备课的示范作用。促进不同学段教师在共同备课学习的过程中相互融通、整合资源，消除对不熟悉学段知识内容的教学焦虑，同时提高对教学内容一体化的把握能力，激发其讲好思想政治理论课的内生动力。

第二，搭建交流平台以促进“教研”一体化。各地“大中小学思想政治理论课一体化建设指导委员会”要畅通交流渠道，为本地区各学段思想政治理论课教师开展马克思主义理论培训、学术研究、教学研讨等合作，积极搭建协作互通平台，真正发挥教师集群的一体化效应。

第三，共享主题教学活动以推动“育人”一体化。立德树人是思想政治理论课程的内在要求和核心目标，也是思想政治理论课教师的重大责任与光荣使命。要引导青少年在人生的“播种、拔节、孕穗”期健康成长，大中小学思想政治理论课教师就必须目标一致、协同发力，实现“育人”一体化。

第七章　高校思想政治教育与学生管理工作开展的新思路

伴随着社会环境的快速发展变化，社会改革和利益的调整必然导致人们思想观念发生各种变化，大学生是宝贵的人才资源，也是国家的未来和希望，因此高校思想政治教育和大学生的管理工作尤为重要。本章主要分为开展大学生思想政治教育工作的新思路、开展大学生管理工作的新思路两部分。主要内容包括注重人文关怀、大学生管理工作的理论意义、大学生管理工作的现实意义、大学生管理工作的特点、大学生管理工作的目标等方面。

第一节　开展大学生思想政治教育工作的新思路

一、注重人文关怀

在新媒体环境下，学生发生了变化，思想政治教育的环境也发生了变化，所以思想政治教育工作者要主动适应这种新的形势，重视新媒体的舆论引导作用，从而占领网络这一思想政治教育阵地。其应主动学习使用微博、微信、QQ 等新媒体工具，多多关注大学生的动态。教师的关注会让学生感到温暖和满足，也能及时发现并疏导学生心理的问题。通过这种交互式的沟通，师生之间的信任度会提升，思想政治教育工作才会更有效，这将促进学生健康人格的形成和素质的全面提升。教师要像朋友一样，给予学生更多生活化、个性化的关怀和理解，用发展的眼光看待学生成长道路上出现的问题，跟上时代的变化和发展步伐，尽力做大学生成长道路上的良师益友。

二、转变教育理念

教育理念是否能够得到快速更新和发展，决定了高校思想政治教育工作实效性能否落实并取得预想成效。这就要求教育者要对新媒体技术的特点和规律进行积极的了解，并且还要结合大学生的行为、心理和思想动态来及时转变教育模式，以不断提高工作的效率与质量。

在互联网时代背景下，当代的年轻人接触社会各类信息的渠道很多，同时他们的认知观和世界观会与教育者有很大的差别，而这些都会影响思想政治教育工作的推行，为此教育者应该打破传统教育思想的禁锢，充分利用这些新媒体工具，发掘更多的教育资源，不断丰富教育内容，改进教学方法，完善教育模式，让思想政治教育工作能够引起大学生的关注，让大学生能主动参与到活动中，从而提高教育工作的实效性。

三、加强教师队伍建设

在新媒体时代，大学生思想政治教育实效性能否得到充分发挥，在很大程度上取决于高校的思想政治教育资源是否齐全。高校思想政治教育队伍的建设尤为重要，若师资力量不足，必然会影响到思想政治教育工作的顺利推进，而且高校领导对思想政治教育工作的重视程度也是影响工作能否顺利开展的决定性条件。目前，我国有很多高校的思想政治教育工作理论大于实践，这使其对思想政治教育队伍的建设关心不够，导致思想政治教育的各项资源严重不足，同时思想政治教育工作的开展得不到高校领导的支持和帮助，教师队伍的综合素质普遍较低，这些问题都严重地制约了大学生思想政治教育工作的顺利开展。因此，专业教师队伍建设势在必行。

四、创新教育方式

创新教育还没有完全开展起来，传统的思想政治教育方式还占主导地位，课堂上乏味的讲座式教学和灌输式理论教学是大学生学习思想政治教育的惯用模式。有关调查显示，部分高校的教育工作者一个教学课件用了多年但仍不更换，且上课采用照本宣科的方式，这严重地影响了学生学习的积极主动性，使学生对思想政治教育的学习丧失了兴趣。传统守旧的思想政治教育方式往往特别重视理论性教学，但忽略了实践性学习，这使得学生无法对理论知识进行更深入的理解，从而失去学习的兴趣，因此教学质量也日益减退。随着时代的发展以及新媒体技术的成熟，大学生的学习逐渐呈现出多元化、个性化的特性，思想政治教育的发展已经不能适应传统的教育模式，而应对的策略就是大力创新教育方式，结合新媒体促进大学生思想政治学习的健康发展。

第一，实事求是地把思想教育理论知识和实践教育结合起来，让大学生所掌握的思想政治教育理论得以实践化，让思想政治教育的实效性得到充分发挥，要想让大学生走向“行”的唯一途径就是把其所学的思想政治教育用于实践。而在新媒体时代下，教师应该以引导大学生思想政治教育为主要目标，利用微博、微信等新媒体平台来带动思想政治教育的实践。

第二，开设高校各种新媒体教育平台。一方面，要利用后勤部门的微博、微信公共号，引导大学生在日常生活中节约资源、杜绝浪费，养成节约意识。另一方面，还应发挥资助部门微博的作用，引导大学生勤工俭学、诚信使用与偿还助学贷款。虽然这些行为看起来都十分普通，却与人的思想政治素质紧密相关，也正是这些微不足道的实践行为，才使得人的思想政治素质得到不断提高。在新媒体技术快速发展的今天，教师应有效地将新媒体技术融入教学方法当中，开设网络大学生思想政治教育课堂来辅助教学。而教学方法也不能落下脚步，应该步步紧随着时代的快速发展，并且和大学生的实际情况相结合，从而实现调整创新，最大限度地激发其学习思想政治教育的热情，提高大学生思想政治教育的实效性。

五、丰富教育内容

在新媒体时代下，大学生的思维模式是先进的，所以针对大学生的思想政治教育也应该是与时俱进的，主要目的就是主动地把教育内容进行丰富和创新。因为传统的思想政治教育体系已经出现老化的情况，不能满足思想先进的大学生对于新事物的追求，对此，教师应当不断地优化教育内容，推陈出新、与时俱进，如此才能让大学生真正地将所学的知识加以实践，造福社会。关于丰富和创新教育内容，教育者应该从大学生的思想动态出发，在吸纳和接收传统思想文化优秀成果的同时，保持继承与创新的态度。

首先，实现新旧教育内容的结合。新旧教育内容本身并没有问题，但是传统的思想政治教育理论语言不够简洁，大学生思想又比较活跃，这使得思想政治教育中的经典部分逐渐被忽略，而教育者要做的就是把思想政治的教育内容进行新旧结合。在新媒体时代之下，大学生思想政治教育创新的本质就是汲取传统思想政治教育中的精华，并对其进行梳理改造，在不影响其原意的情况下，用大学生青睐的新媒体语言进行包装阐述，从而获得言简意赅的效果，提高大学生对教育内容的理解能力，并提高学习效率。再者，教育者可以利用大学生的爱好来开展思想政治教育，将思想政治教育知识与大学生关注的新媒体热点或文化结合起来，以此来增加大学生学习的兴趣。除此之外，还可以利用新媒体声、光、画面等来包装思想政治教育理论，使理论本身立体化、直观化。

第二，将教育的理念、思想与教学实践联系在一起。为了让大学生的精神素养得到全面提升，教育者需要将思想政治教育工作落到实处，这不仅体现在理念的传输上，而且还体现在日常实践中。为了让思想政治教育实现虚实结合，教育者需要建立一个完善的、全面的教育体系，从而可以让大学生能够进行线上线下的交流和学习。教育者要用马克思主义理论来解答学生所关注的各种现实问题，从而让学生能够以正确的、积极的态度去面对生活和学习中所遇到的问题。此外，教师还要充分利用现代媒体工具，以拉近与学生之间沟通交流的距离，进而融入学生的生活和学习中，以便于掌握学生的各种情况，实现对其的辅导和教育。在课堂中，教师应该营造良好的交流氛围，让大学生能够大胆地表达自己的想法，从而促进自己与学生之间的互动和交流，让教育工作的理论与实践能够真正地结合在一起。

最后，针对大学生的思想动态，设置有特色的教育内容。教育者要加强与大学生的及时沟通，深入了解其心理发展状况，积极对大学生的心理需求进行探寻，了解和掌握当前大学生所面临的各种问题，尤其要掌握大学生的思想动态，从而有针对性地开展相应的教育活动。不断强化思想政治教育工作，让教育的理念与实践结合起来，达到引导和教育大学生的目的，让大学生能够树立起正确的价值观和世界观，从而便于大学生理解思想政治教育的内涵，让其真正地接受思想政治教育。

六、拓展教育渠道

大学生思想政治教育活动的开展，应该积极地运用现代科学技术，将微博、QQ、微信、手机 App、校园网站、网络课程直播等作为开展思想政治教育工作的主要工具和手段，以提高教育工作的效率和质量。随着各种新技术、新科技的出现，在信息快速增长的背景条件下，大学生的社会交际方式正在发生改变，目前各种新社交媒体软件层出不穷，为了能够更加贴近大学生的生活和学习，掌握大学生的思想动态，教育者应该有效地利用这些工具来开展大学生思想政治教育工作。

七、优化教育资源配置

新媒体的出现，使得大学生获取信息的方式和渠道发生了翻天覆地的变化，信息的更新和变化速度非常快，同时互联网正在改变着大学生的生活和学习方式。因此，教育者应当紧随时代的步伐，才能确保思想政治教育工作顺利地开展。利用新媒体工具，引导大学生的思想动向，不断优化和升级教育体制，实现教育资源的合理配置，才能让思想政治教育的实效性得到真正的落实。

八、严控舆论导向

现如今，大部分高校开始建立新媒体平台，如校园网站、论坛、微信公众号、官方微博等，这些网络信息平台已经成为大学生获取信息的主要渠道。新媒体具备的很多优势，使得不同的意识形态信息、不同的思维观念相互交错，而不良的舆论信息极易给大学生带来负面影响，这降低了大学生思想政治教育的实效性。为此，正确引导新媒体的舆论导向是至关重要的，也是势在必行的。

九、优化教育平台

高校思想政治教育主题网站又被称为德育网站、红色网站，是高校按照网络运行规律和法则，有目的、有计划、有组织地对以学生为主体的网民进行思想政治教育的阵地。目前，很多高校都建立了有特色的思想政治教育网络平台，在建设优化思想政治教育网络平台的过程中，教育者应注意平台的内容要多样化，要将思想政治教育的内容融入校园的一些论坛和网站中，在利用新媒体技术进行思想政治教育的过程中，要加强对网络不健康、不良信息内容的监管，以保证网络环境的安全。

十、完善教育机制

新媒体的出现，改变了传统的教育方式。目前很多高校也非常重视新媒体工具，并积极将其引进教学工作中，而新媒体平台要发挥出其优势和作用，则需要一套科学的、合理的、完善的教育管理机制，如此才能确保思想政治教育工作的顺利推行。大学生正值青春期，缺乏社会阅历，对事物的判断能力有偏差，这种情况导致大学生极容易受到一些不良网络信息的干扰，进而导致其价值观、社会观的扭曲，从而影响高校思想政治教育工作的顺利推行。基于此，高校应该严控新媒体的舆论导向，建立完善的监管机制，促使新媒体在高校传播正能量。在实践过程中，教育者还要结合大学生的心理动向，开展具有针对性的辅导和教育。

第二节　开展大学生管理工作的新思路

高校学生管理工作是高校管理工作的重要组成部分，以培养具有创新精神和实践能力的高级人才为培养目标。科学、规范的学生管理是实现培养目标的重要保证。随着社会主义市场经济体制的逐步完善和高等教育事业的快速发展，大学生的思想观念日益复杂，大学生教育管理面临着十分严峻的挑战。而长期以来，我国高校学生管理工作存在很多的缺陷，传统的学生管理观念、管理模式和手段已很难适应形势的发展，在人才竞争激烈的新形势下，我国高校培养出来的学生已经无法满足国家对创新型人才的需要，因此学生管理工作必须进行改革、创新思路。

一、大学生管理工作的理论意义

（一）创新高校学生管理工作有利于完善大学生的人格

教育管理要把学生作为主体，通过对学生进行积极健康的文化和道德教育，让其树立正确的世界观、人生观和价值观，使其综合素质与个人能力得到全面提升，以适应不断发展的社会。高等教育不仅要承担传授知识的责任，而且还要不断健全学生的人格，以保障他们的健康发展。在经济迅速发展的今天，高校大学生的管理制度、理念等多方面与社会的高速发展之间仍存在着很多不适应的环节，学生群体在一定程度上还未完全成熟，一些问题随之暴露，如大学生的诚信问题、心理健康问题等，学生管理工作还有很大的开展空间。对高校大学生管理工作进行创新对我国培养新时期的合格人才起着关键作用。

（二）提高高校学生管理工作质量是创建和谐校园的需要

我国教育发展的必然趋势是建设和谐校园，这也是新世纪高校进行长远发展的客观需要。高校大学生的管理工作必须体现教育“以人为本”的本质，培养综合性的优秀人才。高校大学生的管理工作者要为学生的成长成才提供一个丰富多彩的校园环境，以促进学生的健康成长。近年来，我国高等教育发展迅速，但高校的硬件设施却没有得到及时的改善和更新，高等学校的教育质量和学生的实际需求之间很难达到一个平衡状态，与构建和谐校园的标准差之甚远，也与建设社会主义和谐社会的目标相违背，所以继续改进高等教育体制是非常有必要的。要建设和谐校园，教育者就要对大学生管理工作进行创新，为建设和谐校园提供健康的环境和理想的平台。

二、大学生管理工作的现实意义

随着市场经济体制的建立和高校办学体制的改革，高校正面临着广泛而深刻的变化。高校大学生管理工作质量的优劣直接影响到大学生自身的发展和校园的稳定，更关系着学校的长远发展。加强和改进高校大学生管理工作，教育者就要不断坚持在管理中更好地做到育人为本，通过加强高校管理，努力培养德智体美劳全面发展的社会主义建设人才，这也是我国高校通过管理要完成的一项重要任务。

（一）理想信念教育和道德品质规范的养成教育

理想信念是一个人的前进方向，而道德品质则是为人做事的准绳。在高校学生管理工作中，管理工作者要重视校园文化建设，为大学生创造高雅的文化氛围，而且还要通过校园文化的影响和熏陶帮助大学生营造良好的舆论氛围和心理氛围，通过文化活动的组织和开展来改善思想教育的效果。

（二）依法治校和维护学生合法权益

实行依法治校，就是管理工作者要明确学校和学生的权利及义务，要充分保障学生的合法权益。要依靠法律和学校的各种规章制度使学生的合法权益不受到侵害。

（三）学籍管理和学习指导

随着高校教学体制改革的深入和弹性学制、学分制的实施，在学生学籍管理中，高校可以建立实施跨校、跨专业修读，专修和辅修相结合等有利于学生成长的学生管理模式。在学生进行自主选择学习的同时，管理者要提供全方位的、积极主动的辅导和帮助，帮助学生养成自主式的学习习惯和终身学习的思想观念。

（四）就业指导和就业服务

学生管理工作的重要内容之一就是就业指导和就业服务。现如今就业形势越来越严峻，高校要设立专门的就业指导部门，由学校主要的领导直接负责管理。就业指导部门要做好在校生的职业生涯规划指导、就业信息收集、实习基地建设及毕业生的就业指导等工作。

（五）勤工俭学和贫困生资助

随着高校办学形式的多元化，勤工俭学和贫困生资助成为学生管理工作的一项重要内容。学生管理部门要根据学生的具体情况和高校相应的规章制度，开通助学贷款的“绿色通道”，尽可能多地设立勤工俭学的岗位，认真做好国家奖助学金和校内贫困生补助的发放工作。同时，针对学生群体中发生的突发事件应建立应急处理机制和“临时困难补助”制度，对于发生重大家庭变故的学生，要及时给予特殊帮助。

（六）生活服务和心理治疗

学生管理部门应和校内其他服务部门互相配合，为学生提供衣食住行等方面的服务。同时，还要重视对学生进行健康生活方式的引导。高校心理咨询中心要通过各种渠道，运用多种方式在全校范围内对学生开展心理健康教育和心理咨询活动，加强对有心理疾患学生的心理治疗。

（七）校园秩序与课外活动

学校要为学生提供健康、和谐的学习和生活环境。学生管理工作者要积极引导学生，使其自觉遵守学校管理制度，提高自身的道德修养，自觉维护校园秩序。同时，学校要积极鼓励学生团体组织开展有益于学生身心健康的活动，并对活动进行管理和指导，以保证学生活动的合法性和科学性。大学生通过参加各种类型的团体活动，可以在人际交往和社会适应能力等方面得到一定的锻炼，有利于自身的全面发展。

三、大学生管理工作的特点

大学生是思想比较敏锐的群体，有着自身独特的特点。各个学生的成长和教育环境的不同，使得他们的价值取向多元化、思想观念差异化。如理想与现实的差距使其虽有理想信念，但难以抉择；虽有明确的是非观，但自控性和自律性较差；实用主义倾向明显，只关注与自身利益相关的事情；个人主义明显，自我意识较强；要求独立，但依赖性强，渴望尽快走向社会，但又无法实现经济独立；对新事物能很快地适应，但是心理的承受力比较差等。管理工作者要根据各个学生的特点，满足学生的需要，这是学生管理工作取得成功的关键。

针对大学生的特点开展工作，能够使学生的管理工作更具专业性和操作性，从而促进高校大学生管理工作目标的实现。

（一）大学生管理工作具有教育性

学生管理工作者要通过对学生的教育和引导，提高大学生的科学文化素质，培养他们良好的品德和修养，引导他们坚持正确的政治方向，帮助他们树立远大的理想信念。

（二）大学生管理工作具有开放性

高校的学生管理具有开放性，日常管理工作可以通过多种途径和方法来进行。管理者既可以通过课堂教学活动来开展工作，又可以通过校园文化活动的组织来进行日常管理，还可以通过学校教育、社会教育、家庭教育等多种渠道开展工作。管理者要善于利用多方资源，懂得统筹和协调，形成促进学生管理工作的合力。

（三）大学生管理工作具有持续性

大学生管理工作系统是一项复杂的工程。每一项具体工作的完成都要以学生管理的总体目标为方向，都要体现学生管理工作的效果，都要促进大学生的全面发展。高校大学生的管理工作要建立长效的工作机制，使学校教育、社会教育、家庭教育能够有效结合，通过外在的制度管理和学生的自我约束，来提高学生管理工作的效果和工作的系统性。

（四）大学生管理工作具有实践性

高等教育以培养适合社会需要和适应时代发展的高级知识人才为目标，要提高学生解决实际问题的能力。社会形势的不断变化和发展，要求学生管理工作模式也要随之改变。新的管理方法和手段不能只空谈理论，而应该在实际的工作中进行实际运用，以达到理论指导实践的目的。只有具有实践性的学生管理工作，才能更好地适应日益变化的社会环境。

四、大学生管理工作的目标

高校学生管理工作的目标是培养适应社会发展的高素质人才。它以提高大学生的综合素质为主要目的，主要体现在以下几个方面。

（一）思想政治素质

其要求大学生拥有正确的政治方向、坚定的思想信念，要养成良好的道德品格和修养。要“一切跟党走”，认真学习党的理论知识和重要思想，同时在实践上自觉践行党的路线、方针、政策，坚持正确的政治立场。

（二）科学文化素质

其要求高校大学生要有全面丰富的知识结构和扎实的理论功底，要努力学习文化知识，掌握正确的学习方法，养成良好的学习习惯，要学会用理论指导实践，全面提高自身科学文化素质。

（三）身心素质

其要求大学生要拥有强健的身体和健康的心理。通过积极参加体育锻炼、文体活动和社会实践，强健体魄，提高身体素质；通过自我管理、自我控制和自我调节完善自身健康的人格；通过积极参加社会实践，养成良好的个性和环境适应能力，拥有健康的身心素质，从而更好地为社会服务。

（四）创新素质

其要求大学生要有科学的思维方式和把理论运用于实践的能力。大学生要通过学习积累丰富的理论，运用科学的思维，辩证地、全面地分析和辨别事物；要有较强的创新和实践能力，面对不断变化的环境要勇于创新，不断地进行自我突破，在提高自身创新能力的同时，拓展自身的综合素质。

五、大学生管理工作创新的内容

（一）管理理念创新

科学发展观提出了“以人为本”的重要思想。在高校学生管理工作中贯彻“以人为本”的思想，就是要把培养全面发展的大学生作为一切工作的出发点和落脚点，一切工作“以学生为中心”。

1. 树立民主的理念

当代大学生作为高素质的社会群体，对事物有自己独特的判断能力，命令式的管理方法难以促进管理目标的实现。大学生要求民主，渴望平等，在日常管理工作中管理者要强化学生的民主意识，凸显人文管理理念。在学生管理工作中做到人文管理，可以从以下几方面着手：第一，管理工作者要充分重视学生的主体地位。在管理中要依赖学生，为学生营造民主、和谐的管理氛围，工作的主要任务是促进学生的全面发展。第二，管理工作者要让学生主动参与管理，在管理中积极选择，共同创造，团结合作，使学生和自己同心同德，促进管理目标的实现。第三，管理工作者要为学生学习创造民主、和谐的氛围。民主、自由的环境有利于大学生创造性人格的形成和发展。长期以来学校管理的统一、教材的统一，使学生产生了被动学习的心理；学生管理者的权威态度又使学生产生了胆怯心理，使学生丧失了学习的主动性和创造性。所以，高校学生管理工作要以民主的理念为指导，克服传统管理制度的缺点，为学生提供民主、自由的成长环境，解放学生的身心，从而保证学生学习的主动性，促进学生创造性人格的形成。

2. 树立法制的理念

管理工作者在学生管理工作中要强化法制观念，维护和保障学生的合法权益。法制的管理理念要求管理者从法律的角度正确地认识学生与学校二者之间的关系。学校和学生之间是权利与义务关系，受教育是学生的权利，学校作为义务主体，不能随意将其剥夺，应积极地保障学生受教育的权利。在学生管理工作中，管理工作者要切实保障学生的合法权利。虽然法律规定高校享有“依法自主办学”的权利，但是这种“自主管理”是在保障学生合法权利和知情权利的情况下，高校在法律规定允许的范围内进行管理。

3. 树立服务的理念

受高校扩招政策的影响，高等教育实现了“精英化”向“大众化”的转变。市场经济的快速发展使高等教育变成“大众教育”，大学生交费接受教育，作为特殊的消费者，其有要求高质量的服务的权利。高校不仅有“教育育人”“管理育人”的职能，而且还有“服务育人”的职能。高校学生管理工作要坚持“以学生为本”，实现管理工作由“行政化”向“服务化”的转变。现代化的学生管理理念要求管理工作者要为学生提供高质量的服务。高校不仅要为学生提供知识理论的传授和学习的指导，而且还要为学生提供良好稳定的学习和生活环境；同时，要为学生提供职业生涯规划发展、就业指导、维权等服务。管理服务要针对不同学生的不同情况采取不同的方式，不能因为学习成绩和学生自身条件的优劣而对其区别对待。

4. 树立创新的理念

高校管理过程中的共性，有可能扼杀了学生的创造性潜能，使学生的发展空间受到限制。大学生群体是由富有创造性的个体组成的，挖掘学生自身的创造潜力，就需要给他们适合的发展空间，如此才能激发他们的潜能。第一，要在学生管理的过程中注重强化学生的创新意识，给学生自由的空间，激发他们探索新事物的兴趣。引导学生在学习中创新，鼓励他们在学习和实践中敢于向权威挑战，发表自己独特的见解。第二，要求学生管理者为学生的创造性发展提供一个和谐宽松的环境。不整齐划一地要求学生，在管理的过程中减少对学生创造活动的限制，减少强制性的要求，鼓励学生进行各种创造性活动。要以发挥学生的主观能动性为主，管理者提供指导性的意见和建议为辅，激发学生的创造潜能。同时，学生管理工作者要积极支持学生的创造活动，敢于为学生的创新活动承受压力，承担风险。

（二）管理内容创新

1. 建立大学生就业指导中心，认真做好学生就业的指导工作

随着市场经济的发展和高校的扩招，毕业生的不断增加和日益严峻的就业形势，使高校毕业生的就业难度逐渐增大。高校毕业生的就业工作关系到每一位学生的切身利益，大学生就业难影响着经济的发展，更影响着和谐社会的建设。高校要积极建立和完善大学生就业指导中心，聘用专业人员为在校生提供职业生涯规划发展的指导，利用指导中心的自身优势为毕业生做好就业的指导工作。

2. 建立大学生心理咨询中心，促进大学生身心的健康发展

随着市场经济的发展和社会形势的不断变化，来自学习、就业等各方面的压力给大学生的心理带来了严重的影响。高校部分大学生出现了不同程度的心理问题，有些问题甚至影响了校园的和谐和社会的稳定，所以大学生的心理健康问题需引起相关部门的高度重视。高校要完善心理咨询教育机制，积极组建心理咨询中心，配置心理咨询方面的专业教师，在全校范围内积极开展心理健康教育；积极通过教育讲座、心理知识宣传、主题班会等各种形式对大学生进行心理教育辅导和治疗，帮助学生答疑解惑，引导学生进行自我心理调适，使学生以积极健康的心态走出校园，走向社会。学生管理工作者要积极组织学生通过社会实践等各种方式来增强其社会责任感、集体荣誉感和环境适应能力，

让其在人际交往中树立自信心，在竞争环境中增加竞争意识，发现自身条件与社会需要之间的差距，正确地审视自己，从而培养其健全人格。

3. 完善大学生资助体系，建立大学生资助中心

随着高校收费制度的改革和办学体制的多元化，贫困生工作成了高校学生管理工作的重要内容。做好高校学生管理工作，实现“以学生为本”，就要着力解决贫困生的生活困难问题。要做好贫困生的建档工作，做好大学生的助学贷款工作，公平公正地进行国家助学金和校内困难补助的发放，在校园内广泛开展勤工助学工作。在解决贫困生生活困难的问题时，还要对贫困生进行感恩教育，让他们懂得感恩，自立自强，回报社会。

4. 积极开展“第二课堂”活动，建立大学生科技文化活动指导中心

“第二课堂”活动的开展对大学生的全面发展起着重要的作用。丰富大学生的课余文化生活，成立校园科技文化活动指导中心，对大学生的校园文化活动进行指导，是高校人文管理的重要内容。“第二课堂”具有第一课堂不可替代的功能，它结合了专业知识，通过各种形式开展各种科技文化活动。在丰富大学生课余文化生活的同时，加强了学生专业外各方面知识的学习，提高了学生的文化素质和综合素质。

（三）管理手段创新

1. 学生管理的思想政治教育手段

关于高校大学生的思想政治教育工作，管理工作者可以从以下几个方面进行创新。

第一，思想政治教育的观念创新。对思想政治教育工作进行创新的前提是要创新思想观念。对大学生进行思想政治教育的主要目的是为建设和谐社会培养人才，指导大学生深入学习科学发展观，树立科学发展的思想观念，教育引导大学生在促进个人发展的同时为和谐社会的发展服务；同时，要动员各方面力量为大学生的全面健康发展创造条件，帮助他们解决学习、心理、生活等各方面的难题。使大学生拥有健康的心理是进行思想政治教育的前提，要把思想政治教育与心理健康教育结合起来，以心理健康教育促进思想政治教育工作的顺利开展。

第二，思想政治教育的机制创新。要建立和完善与高校学生管理工作相配套的运行机制，利用稳定的工作机制规范学生管理工作，以此来增加学生管理

工作的科学性；要建立和完善学生管理工作的评估和保障机制，提高管理工作的效率，增强思想政治教育的实效性，从而使高校学生管理工作能够适应培养创新型人才的需求。

第三，思想政治教育的载体创新。高校教育改革不断深入，学生的日常思想政治教育工作要更加灵活，要具有感染性和渗透性，如此才能使思想政治工作富有亲和力，易被学生接受。所以，思想政治工作的载体要朝着丰富多样的方向发展。

2. 学生管理的自我管理手段

学生进行自我管理的过程是指导学生进行自我约束和自我控制的过程。学生通过管理者的引导，运用正确的方法，以促进自我的全面发展为目标进行管理。自我管理也是自我认识得以提高、良好习惯自觉养成的过程。实施自我管理，能够激发大学生的积极性和主动性，最大程度地发掘学生自身潜力和创造性，进而促进大学生的全面发展。高校进行学生管理的目的是培养学生成长成才，同时大学生也渴望发展自身个性，进行自我管理。为了顺应新形势和新情况的发展，高校学生管理工作要变管理学生为学生自我管理。让学生充分了解学校的管理目标，使其在自我管理的过程中充分发挥自身的才能，培养、锻炼自身的能力，同时又自觉地约束自身的行为，从而全面地提高自身的综合素质，培养自身的健全人格。学生管理工作者引导学生进行自我管理，首先要帮助学生明确自我管理的意义，向学生传授自我管理的有效方法，同时要为学生创造自我管理的机会。在日常管理工作中可以从以下几个方面进行指导。

第一，帮助学生制定自我管理的计划。学生管理工作者指导学生进行自我管理，首先要使其明确自我管理的目标和意义。引导和帮助学生制定合理的管理目标和管理计划，使学生的自我管理目标在促进自身全面发展的同时，还能与学校的人才目标一致。

第二，培养热心学生工作、有责任感的学生干部队伍。学生干部是学生中的骨干力量，是学生和学校之间联系的纽带，向上能够向学校反映学生的意见和建议，向下能够传达学校的政策精神。他们能够在学习、活动、生活等各个方面起到表率的核心作用。对学生干部队伍进行培养和教育，能够增加他们的责任感，从而增强学生自我管理的效果。

第三，协调学生自我管理中的各种关系。学生自我管理中有很多新关系。新关系的出现也带来了新的矛盾，协调处理好自我管理中的各种关系才能为学生的自我管理提供稳定的发展平台。学生管理工作者要学会统筹兼顾，保证学生自我管理的顺利开展。

第四，善于总结，提高认识。组织学生开展自我管理还需要注意自我管理活动后的总结。学生管理工作者要引导学生进行活动后的反思，并针对自我管理活动的效果进行及时的总结。重视用理论指导实践活动，并用实践总结经验丰富理论。经过“认识—实践—再认识”的过程，自我管理活动才能更加完善。

3. 学生管理的激励管理手段

激励管理就是通过调动学生的积极性，充分发掘其自身的潜力，引导其为实现目标而努力。激励管理作为高校学生管理工作的重要手段，运用得是否正确，直接关系着学生管理工作的效果。学生管理工作者在日常管理中要恰当地运用激励管理手段，使其促进学生的发展，从而实现管理的目标。在管理工作中运用激励管理手段要注意以下几个方面问题。

第一，使理性教育和感性引导相结合。管理工作者要通过教育提高学生的思想觉悟，帮助其树立正确的世界观、人生观、价值观，如此才能从根本上提高大学生的综合素质，进而发挥其主观能动性。单纯的理论教育太过空洞和枯燥，把理性教育和感性引导结合起来，可以使学生和管理者达到情感的互融，使管理者的教育和管理更容易被学生接受，从而获得良好的管理效果。

第二，帮助学生制定合理的目标。合理的目标能帮助学生树立自信心，促进其 更好地发展。目标过大，不易实现，会使学生丧失学习的主动性和自信心；目标过小，太易于实现，又不能充分发掘学生的潜力。学生管理工作者要引导和帮助学生制定切实可行的目标，既要考虑到目标的可行性，又要以促进学生的发展为前提。

第三，学生管理工作者要学会“倾听”。在日常的管理工作中，要理解和尊重学生，及时了解学生的困难和需要，对学生进行规范合理的引导。在制度的制定和执行中，既要考虑管理者自身，更要站在学生的角度进行考虑，认真听取学生的意见，从而保证制度的人性化和实际操作性。

第四，培养学生的竞争意识。对学生进行竞争激励，可以帮助学生树立竞争意识，从而可以充分地发挥学生潜力，收获最佳的激励效果。现代社会的发展要求学生树立竞争意识：一方面，竞争可以增加学生的压力，让其产生危机感，进而激发学生学习的主动性；另一方面，学生通过竞争获得激励，可以增加其自尊心和自信心，从而增强管理者管理的效果。

六、大学生管理工作的新思路

让“以人为本”的教育理念在日常的学生管理工作中真正地得到贯彻和实施，是高校大学生管理工作创新研究的关键。所以，在分析了高校大学生管理工作创新的具体内容之后，还要在整体上从宏观的角度来把握高校大学生管理工作创新的理念和途径。

（一）确立科学的管理理念

培养全面发展的高素质人才为社会主义现代化服务，是高校学生管理工作的出发点和落脚点。高校的日常管理工作应树立科学的管理理念，把“以人为本”的核心思想和民主的理念贯彻始终。

1. 确立“以学生为本”的管理理念

把“以人为本”作为日常管理工作的指导思想，就是要求学生管理工作者在管理过程中要把学生放在工作的主体地位，时刻以学生为中心，关心学生成长，维护学生权益，帮助学生切实解决困难和问题；充分突出学生的主体性，调动学生的积极性，让学生参与到管理中来，发掘自身潜能。尊重学生的主体地位就是要尊重学生的主体性，特别是对贫困生、有心理疾患的学生等这些特殊群体要给予关注；关心学生身心健康，引导学生健康成长，就是要在关心学生学习、生活的同时，帮助他们解决实际困难，努力营造适合学生成长的环境，以满足学生的合理需求。“以人为本”的管理理念的最终目的是帮助学生形成正确的人生观、世界观、价值观，促进学生的全面发展。

2. 确立民主的现代管理理念

对于高校学生管理工作来说，民主管理作为现代化的管理理念，主要体现在以下几方面：一方面通过让学生亲自参与学校管理，增加学校凝聚力，帮助学生树立主人翁意识，从而保证了有效的学生管理；另一方面，通过学生亲自参与，发掘学生自身的潜力，提高学生的积极性，培养学生的民主意识。在日常的高校学生管理工作中，民主管理的理念主要体现在以下几方面：第一，在学生管理工作中，“以人为本”的核心思想必须贯彻始终，管理工作者充分认识学生的主体性。工作者在日常的学生管理工作中进行民主管理，还要综合考察学生的知识、道德、创新及实践能力等各方面，在保证学生主体地位的同时促进学生的个性化发展。第二，管理工作者要学会宽容。所谓宽容，就是为学生的健康成长提供宽松的环境，鼓励学生积极参加校园文化活动，不用枯燥单一的制度和方式强制要求学生；鼓励学生参与各种创新活动，有勇气替学生承担创新活动带来的风险和压力，同时为学生的创新活动提供帮助和支持。

（二）改革和完善高校大学生管理工作体制

1. 以学生的发展和需要为依据进行机构设置

高等教育趋向大众化，新形势的不断发展要求高校大学生管理体制要从高校的实际情况出发，构建既能满足高校学生管理工作要求又适合高素质人才培养目标的融教育、管理、服务为一体，同时又集引导、关爱、维权为一身的管理体制，使其更能体现“以人为本”的育人理念。

第一，成立学生资助办公室。学生资助办公室专门负责管理学生的各种经济资助事务。管理工作者在做好资助信息的收集和发布时，还要做好助学贷款、国家助学金、校内奖学金和特殊学生困难补助等的发放工作。学生资助办公室要做好困难学生经济情况的调查工作，在全面掌握的情况下，建立贫困生档案，为贫困生提供资助和勤工助学岗位，构建一整套“奖、贷、助、补、勤”的资助体系；同时，要开展对贫困学生的感恩教育和励志教育，教育学生自立自强，懂得感恩，通过自身努力回报社会。

第二，建立大学生心理咨询中心。学生管理部门要根据大学生心理健康问题呈现的独特、复杂的特点，建立大学生心理咨询中心，由具备专业知识的教师担任指导老师。通过大学生心理咨询中心，为学生建立和完善心理健康档案；学生工作者要认真做好学生心理的摸排工作，对心理高危学生进行妥善处理，使心理辅导工作成为学生管理工作的有效补充；同时，要在校内举办“心理健康”活动和讲座，普及心理健康知识。

第三，建立大学生就业指导中心。其要求学校要配备有专业优势的学生工作人员，开设职业生涯规划课，指导大学生如何根据自身的特点制定职业生涯规划，为毕业生提供相关的就业信息和求职技能；就业指导中心要密切与企业联系，为学生提供就业服务，积极为毕业生拓宽就业渠道。同时，大学生就业指导中心要重点关注贫困生等就业相对困难的群体，把促进就业困难群体的就业作为工作重心，对就业困难群体学生进行重点推荐，全面提高毕业生的就业率。

2. 加强学生管理工作队伍的专业建设

优秀的学生管理工作队伍是学生管理工作有效开展的有力保障。辅导员是高校最基层的学生工作人员，在帮助学生成长成才、创建和谐校园方面有着不可替代的作用。

第一，加强辅导员队伍的职业化、专业化建设，完善其激励保障机制。做好高校学生管理工作，必须加强辅导员队伍的职业化和专业化建设。一方面，要为辅导员提供职业培训机会；另一方面，通过政策激励，鼓励辅导员考取职业资格，提高辅导员队伍的职业化水平。

第二，加强培训。通过岗前培训、专业培训等多种方式增强辅导员队伍的业务学习效果。

第三，全面提高专业素质。根据思想政治学科的特点，鼓励辅导员结合学生管理工作开展相应的课题研究，提高辅导员队伍的专业知识水平。

第四，为辅导员提供进修学习的机会。

为辅导员在学生管理、心理咨询、职业规划等专业领域创造继续学习的机会，同时为辅导员进修学习、在职进修提供政策支持。辅导员队伍激励保障机制的完善是辅导员稳定工作，进而进行职业化与专业化发展的前提。一方面，要根据高校学生管理工作的自身情况，建立科学的考核评价体系，实现辅导员队伍的良性竞争，促进其健康发展；另一方面，采取政策性支持，促进辅导员队伍在教育、管理、心理等方面的专业理论知识学习，提高学生管理队伍的理论水平。要为辅导员队伍的发展制定长远的职业规划，可以使思想政治水平高的作为党政干部培养的来源，让专业理论知识深厚的从事教学岗，愿意长期从事学生管理工作的给予其专业职务的聘任。总之，要为辅导员队伍提供有效的支持，在促进其长远发展的同时，保证学生管理工作的稳定、有序、健康发展。

3. 建立科学的学生管理制度

学生是教育管理的主体，学生管理工作质量的优劣直接关系到高校培养目标的实现。所以，高校要依据自身的实际建立一套科学、规范的管理制度来规范学生行为，进而提高管理的有效性。

第一，加强高校责权一致的管理制度的规范建设。当前高校教育改革不断深入，但在改革的过程中并没有建立规范健全的制度，这直接导致学生管理工作中出现了责任相互推诿、制度“缺位”的状况。健全高校大学生管理制度，就要建立规范的制度体系，推进责权一致的规范建设。依据“教育育人、管理育人、服务育人”的职能要求，高校可以对学生管理的相关部门进行重组，使各部门明确职能和责任，解决学生管理工作中“缺位”“越位”“错位”的问题。

同时，还要建立合理的组织机构和民主的管理体制，实现各组织机构的多元互动，最大限度地实现管理的民主化程度，使教师、学生、家长都参与到学生管理中来，在保证学生管理制度民主化的同时，充分调动学生的积极性，进而增强学生管理工作的实效。

第二，健全学生管理制度的评价体系。在学分制的背景下，学生管理制度的评价体系只侧重于对学生成绩的评价，这使得高校制定的奖惩制度失去了本身应有的激励作用。健全学生管理制度的评价体系，才能更好地为学生的健康成长服务，更科学地开展学生管理工作。健全高校学生管理制度的评价体系要注意两点：一方面，评价体系的制定要给学生以充分的自由发展空间。在对高校学生管理制度评价体系进行创新的过程中，要保持管理制度评价体系的开放性、科学性，使制度评价体系在考查学生学习的同时，更注重其能力的锻炼和品质的养成，培养其个性。另一方面，要通过制度评价体系，让学生实现“自我管理、自我激励、自我控制”。

（三）构建促进学生全面发展的平台

1. 构建促进学生全面发展的安全平台

高校学生管理工作的首要任务是保证大学生的人身和财产安全。高校有义务为学生提供一个安全的生活学习环境。

第一，教育和引导学生牢固树立安全的思想意识。学生管理要工作者通过日常思想教育、活动宣传等形式在学生中开展安全教育和法制宣传的活动，在提高管理者安全意识的同时，帮助和引导学生树立法制观念和安全意识。

第二，加强大学生心理健康教育。拥有健康的心理状态是大学生全面发展的前提。学生管理工作者要加强对大学生中特殊群体的心理引导和教育，要及时、全面地掌握学生的思想情况，发现问题及时干预。要帮助困难学生培养自立自强的心理，同时要采取提供勤工助学岗位等各种方式为他们解决经济上的问题，引导他们奋发图强，摆脱自卑心理；为有心理疾患的学生，提供心理咨询和心理疏导服务，帮助学生培养健康的心理状态；为毕业生提供就业指导和就业信息服务，从思想上帮助他们减轻就业压力。

第三，完善突发事件的应急预案。建立有效的突发事件应急预案，是高校构建安全平台的有效手段。应急处理预案的建立，能保证在突发事件发生时进行及时有效的处理，避免事态恶化；要定期进行突发事件演习，提高学生管理工作者处理问题的能力，帮助其积累实际经验，培养良好心态。

2. 构建促进学生全面发展的服务平台

高校学生管理工作的主要目标是培养全面发展的高素质大学生。通过服务体系的建立使大学生不仅拥有专业的学习技能、健康的身心，而且还有良好的心态、较强的人际交往能力和适应能力。

第一，提高大学生政治素养和学习水平。学生管理工作者要帮助大学生树立坚定的理想信念，使其形成社会主义的核心价值观。要以大学生党建工作为思想政治工作的核心，通过对大学生进行党理论知识的教育和政治方向的引导，来全面提高大学生的政治素养；充分调动教师的积极性，通过对大学生进行专业知识的教育和学术活动的开展，提高大学生的学习水平，帮助他们树立终身学习的观念。

第二，提高大学生的综合能力。促进大学生的全面发展是高校学生管理工作的落脚点。所以，学生管理工作者在日常的学生管理工作中要以培养全面发展的大学生为目标，构建以锻炼和培养学生综合能力为主要内容的服务平台。

指导大学生进行职业生涯规划。就业指导中心应利用自身优势为在校大学生开设职业生涯规划课，让大学生从入校开始，就明确专业内容和发展方向；为大学生提供就业指导，给予他们关于就业信息、面试技巧等方面的服务。

培养大学生与社会需求相符合的综合能力。要鼓励和引导大学生参加社会实践和校园社团活动，使之在实践中锻炼和提高自身的人际交往能力与应变能力；完善心理咨询机制，开展各种形式的心理教育、心理咨询和心理治疗活动，提高学生的抗压能力。

（四）创新高校大学生管理工作的途径

1. 以学生宿舍管理为基点

随着“服务育人”的理念不断深入，社会各界对学生宿舍的设施、文化环境氛围，以及宿舍管理的服务质量等提出了更高的要求。作为高校稳定工作的重要组成部分，学生宿舍的稳定关系着高校的稳定。因此，将学生管理工作融入学生宿舍，是高校大学生管理工作的创新要求。学生管理工作者要根据高校学生宿舍管理的特点，建立新的工作机制并加以实施。

2. 以社团文化建设为渠道

校园文化是学生群体的文化，是以校园精神为主要特征的，是学校开展“第二课堂”教育的有效途径。稳定和谐、健康向上、充满活力的校园文化，可以陶冶情操、增长知识，有利于增加大学生的归属感和安全感，能够增强大学生自我判断、自我完善、自我发展的能力。校园文化为大学生提供了交流沟通、展示才华、锻炼能力的平台，也为学生管理工作者提供了了解学生的渠道，能够帮助管理者改善管理方式，提高管理效果。高校学生管理工作者在开展思想政治教育和管理工作时，可以以社团为渠道，充分利用社团。目前，在高校社团文化的建设中，各类社团名目多，社团举办的活动多，活动中以娱乐为目的的多，但是能够真正吸引人的社团少，富有启迪和思考意义的活动少，能够真正上得了台面的东西少。造成校园社团文化建设“三多三少”现象的主要原因是社团文化的整体层次较低。提高社团文化建设的层次，使社团文化适合大学生的口味，符合大学生的欣赏水平，是加强校园文化建设的主要途径。高校学生管理工作者通过对社团的管理，可以对大学生的自我管理和自我教育进行规范化引导，从而起到对大学生的行为进行管理的作用；同时，学生社团在开展活动和发行刊物时也要服从学校的领导和管理。校园文化活动的开展，还要坚持长期性和实践性的原则，这样可以让学生从活动中学到知识、提高能力、真正受益，从而在校园文化良好氛围的熏陶下，不断地完善自我。

3. 以网络信息化为手段

随着信息技术突飞猛进的发展，互联网已经成为高校大学生拓展知识面、获取各种有用信息的重要途径。内容丰富、更新传播速度快、开放性强、易接触、涉及面广、不易监控等是网络文化最显著的特点。网络信息化是一把“双刃剑”，在给高校大学生管理工作提供便利、创造条件的同时，又使其面临严峻的挑战。学生管理工作者要教育和引导大学生正确使用网络，在提高其网络技术的同时，创新高校大学生管理工作的新领域。与此同时，要针对大学生自控能力较差的特点，通过网络心理讲座、网络知识活动等加强网络道德和心理健康教育，帮助大学生养成正确的网络使用习惯、形成健康的网络心理，从而增强大学生辨别是非的能力，抵制不良信息对其的影响。在校园网的管理上，管理工作者要对大学生校内入网进行统一管理，提高校园网主页质量，防止不良信息的侵蚀。

因此，在新形势下，学生管理工作者要加强学生工作管理队伍的专业建设，建立科学的学生管理制度，为高校大学生管理工作提供制度保障；要完善学生管理工作的内容结构，安全是管理的前提，要以学生的安全管理为基础，创建对大学生发展有利的安全平台；要以指导学生成长成才为方向，构建促进学生全面发展的综合服务平台；要以学生宿舍管理为基点、以社团文化建设为渠道、以网络信息化为手段，创新高校学生管理工作的途径。对高校大学生管理工作进行创新，既是加强与改进高校大学生思想政治工作，实现“以学生为本”的必然要求，又是创建和谐校园、在日常管理工作中实践“科学发展观”的客观需要。在创新中寻求发展，在创新中增加学生管理的活力，才能全面提高高校学生管理工作的水平。